Das perfekte Picknick

Rezepte und Tipps für alle, die gerne draussen essen

Susanne Strasser
Sascha Pollach

Rezepte und Konzept von Susanne Strasser

Susanne Strasser lebt und arbeitet in München. Sie ist leidenschaftliche Köchin und Inhaberin der Marketingagentur Himmelreich. Sie vermarktet in München u.a. den erfolgreichen Gastroguide MÜNCHEN GEHT AUS sowie das OpenAir-Kino am Olympiasee. Bei den zahlreichen Filmabenden mit Picknick entstand die Idee zu diesem Buch.

Illustrationen von Sascha Pollach

Sascha Pollach arbeitet als selbständige Modegrafikerin und Illustratorin. Die Mutter dreier hungriger Kinder lebt in Dießen am Ammersee, wo das tägliche Mittagessen zu den Highlights des Familienlebens gehört. Im Sommer natürlich im Garten oder am See.

1. Auflage 2013

Typografie und Gestaltung: Sascha Pollach
Text und Rezepte: Susanne Strasser, Himmelreich
Illustration: Sascha Pollach
Beratung: Daniel Wiechmann
Druck und Bindung: Steinmeier GmbH, Deiningen
Printed in Germany
ISBN 978-3-9814081-8-8

Das perfekte

Picknick

Die Zutaten

FÜR DAS PERFEKTE PICKNICK BRAUCHT MAN 6 DINGE:

1.
Zeit

2.
schönes Wetter

3.
den richtigen Picknickplatz

4.
die geeignete Ausstattung

5.
das nötige Picknick-Knowhow

6.
und richtig gutes Essen

Zeit
für das perfekte Picknick

Es ist ein herrliches Gefühl, wenn im Frühling die Picknicksaison endlich wieder beginnt. Die Augen blinzeln dem hellen warmen Licht entgegen und mit dem langen Pullover ist man plötzlich viel zu warm angezogen. Dann ist es höchste Zeit fürs erste Picknick, denn Essen unter freiem Himmel gehört noch immer zu den schönsten Sinnesfreuden.

Schon die alten Römer haben das Mahl unter freiem Himmel genossen; übrigens nicht nur die Legionäre auf Welteroberung im Zeltlager. Draußen essen steckt einfach in uns drin. Doch so richtig in Mode kam das Picknick erst im 17. und 18. Jahrhundert. Vor allem an den Königs- und Herrscherhäusern in Frankreich und England. Queen Victoria speiste häufig im Freien; die Briten haben auch den klassischen Picknickkorb aus Weidenholz erfunden. Das gemeinsame Essen in der Natur wurde so zu einer Institution gehobener Lebensart. Über den Ursprung des Wortes Picknick streiten sich die Geister. In Frankreich heißt es, die Adligen bei Hofe pickten (piquer) im Freien gern eine Kleinigkeit (nigue). Klingt überzeugend. Aber auch die Engländer reklamieren den Wortursprung für sich. Schließlich dinierten im 17. Jahrhundert bereits englische Könige unter freiem Himmel to pic a nick und der Begriff Picnic taucht ebenfalls in historischen Dokumenten auf der Insel auf. Halt! Sagen die Schweden und holen ihrerseits uralte Briefe aus dem Archiv, die belegen, dass der Begriff Picknick bei ihnen bereits im 18. Jahrhundert verbreitet war.

Sei's drum. Viel wichtiger als der Ursprung des Wortes ist ohnehin die gesellschaftliche Bedeutung des Picknicks. Denn ein Picknick ist weit mehr als nur ein Essen im Freien. Es ist ein Erlebnis, das es mit Muße zu zelebrieren gilt. Kommen wir daher zur wichtigsten aller Picknickregeln: Bitte keine Hast! Ein gutes Picknick macht nicht viel Mühe. Das „Picknick für Faule“ etwa (S. 83) ist im Handumdrehen vorbereitet. Schnell noch eine Decke eingepackt und raus geht es an die frische Luft.

Wer's gern größer mag: Gelegenheiten fürs Picknick finden sich immer. Warum nicht den nächsten Geburtstag mit einem tollen Picknick feiern oder das Sommerfest im eigenen Garten als Picknick in großer Runde? Auch die wohlverdiente Pause bei einer Bergwanderung lässt sich hervorragend zum Picknicken nutzen. Sport in jeder Form kann mit Gaumenfreuden an Ort und Stelle belohnt werden. Und für Verliebte: Am Sonntag gemütlich im Bett bleiben und gleich dort picknicken. Fenster auf, Sonne rein!

Für all diese Gelegenheiten (und noch ein paar mehr) finden Sie hier die passenden Rezepte. Viele, die schnell und unkompliziert zuzubereiten sind und andere, die ein bisschen mehr Aufwand erfordern. Die Rezepte sind erprobt und haben sich bei zahlreichen Gelegenheiten unter freiem Himmel bestens bewährt. Allerdings sind sie nicht in Stein gemeißelt. Tauschen Sie! Warum nicht den Schokokuchen für die große Runde als Geburtstagskuchen backen? Oder den Löwenzahnsalat mit Gänseblümchen in den Biergarten mitnehmen? Lassen Sie sich inspirieren; improvisieren und ergänzen Sie und probieren Sie eigene Ideen aus.

Genießen Sie den Sommer in vollen Zügen! Mit Freunden, dem Partner, den Kindern und gutem Essen.

Die besten Picknickplätze

Die Welt ist voller schöner Orte zum Picknicken. Jeder von uns hat persönliche Lieblingsorte, Geheimplätze von ganz eigenem Charme. Ob am See, auf einer Almwiese, am Lieblingsbrunnen oder im selbstgebauten Baumhaus: Platz für eine Decke findet sich fast überall. Wer keinen weiten Ausflug machen möchte, picknickt im eigenen Garten, auf der Wiese des nächsten Spielplatzes oder einfach im nächstgelegenen Park unter dem Lieblingsbaum. Natürlich darf es gerne auch origineller sein: zum Beispiel mit einem überraschenden Picknick im Ruderboot. Im Wald kann man auf einen Hochstand klettern oder es sich in der Stadt auf einer Bank bequem machen.

Die wahren Picknick-Klassiker: Schlosspark, Kornfeld, Obsthain und Waldlichtung. Wichtig ist, sich vorab ein paar Gedanken zu machen. Jeder Picknickort hat andere Voraussetzungen, über die es sich lohnt kurz nachzudenken und sich die Eigenheiten zunutze zu machen. Zu welcher Uhrzeit ist es dort am schönsten? Die Bank am Lieblingsplatz in der Stadt besuche ich, wenn die Sonne darauf scheint, nicht wenn sie im Schatten liegt. Im Park suche ich einen Platz, an dem nicht so viele Menschen vorbeikommen, ruhig gelegen.

Vielleicht findet sich ein Platz, an dem ein Bach fließt. In den Biergarten nehme ich eine karierte Tischdecke und Kastanienzweige mit; fertig ist das bayerische Lebensgefühl. Im eigenen Garten verwende ich normales Geschirr, es ist ja nicht weit zu tragen. Auf dem Spielplatz habe ich immer eine extra Flasche Wasser für die Hände dabei, weil alles und jeder voll Sand ist. Und am See spanne ich das Sonnensegel...

Die ideale Ausstattung

Das Geschirr

Heutzutage muss niemand mehr mit Tellern, Tassen und Bechern aus Einwegplastik zum Picknicken ausrücken. Wer das gute Service von Oma schonen möchte, findet zahlreiche umweltfreundliche Alternativen fürs Picknickgeschirr: Geschirr aus Biokunststoff, Geschirr aus flüssigem Holz, Einweggeschirr aus Zuckerrohrfasern ... Das Angebot ist vielfältig, leichtes und gleichzeitig umweltbewusstes Verpacken ist in allen Farben, Formen und Materialien möglich. Die Grundausrüstung, die für jedes Picknick sinnvoll ist:

Für den Transport:

- Rechteckige Boxen mit fest verschließbarem Deckel
- Salatschüssel mit Deckel
- Kleine Weckgläser mit Deckel für portionierte Nachtische
- Kuchen bleibt am besten in der Form, umwickelt mit einem Geschirrtuch
- Geschirrtücher
- Stoffservietten
- Thermoskanne
- Verschließbare Flasche mit großer Öffnung

Für den Genuss vor Ort:

- Leichte Teller oder Servietten für Fingerfood
- Kleine Schüsseln für Salate und Dips
- Messer, Gabel, Ess- und Teelöffel
- Tassen und Gläser für heiße und kalte Getränke

Die Picknickdecke

Sie ist das wohl wichtigste Utensil fürs perfekte Picknick. Das Design ist Geschmackssache. Zwei Anforderungen sollte jede gute Picknickdecke erfüllen: Sie muss wasserdicht und groß sein. Je größer, desto besser. Idealerweise haben mindestens zwei Personen plus Essen auf der Decke Platz. Besonders einladend sind runde Picknickdecken. In der Mitte ist das Essen hübsch angerichtet, Sitzen im Kreis ist kommunikativ. Und was, wenn keine Picknickdecke im Haus ist? Eine Wolldecke tut's auch. Damit die Decke nicht feucht wird, packt man die Yogamatte darunter.

Accessoires

Kissen: Erstaunlich ist, wie sehr zwei Kissen den Komfort und hin und wieder auch die romantische Stimmung beim Picknicken heben.

Lampions: Machen abends schönes Licht. Und mit Mückenlicht befüllt, halten sie sogar noch den einen oder anderen ungebetenen Gast fern. Einfach auf den Boden gestellt sind sie ein genauso glanzvoll buntes Lichterspiel wie aufgehängt.

Musik: Vor allem beim Picknick in größerer Runde hebt Musik die Stimmung. Jazz geht immer! Beim Picknick mit Kindern, im Biergarten, dem Bergsteigerpicknick oder am See geht's auch ohne.

Deko: Am besten vor Ort sammeln. Am Wegesrand oder auf der Wiese gepflückte Blumen über die Picknickdecke streuen. Blühende Zweige, Blätter, Gräser, Steine, Tannenzapfen, Kornähren... Wer die Augen öffnet, findet mit Sicherheit viele Dinge, um den Picknickplatz zu verschönern.

Unbedingt auch einpacken:

Abfalltüten: Come clean, leave clean. Tipp: Eine, an einem Baum festgemachte, gut sichtbare Abfalltüte animiert die Picknickgemeinschaft zum Mitmachen. Sogar die Kinder.

Strandtuch: Um die Picknickdecke zu vergrößern, als Handtuch für Kinder, die ins Wasser gefallen sind, als Sonnendach.

Paketschnur: Um das Strandtuch zu spannen und ein Sonnensegel daraus zu machen.

Taschenmesser: Um die Paketschnur zu schneiden, Weinflaschen zu öffnen, Obst zu schneiden, Stöcke zu schnitzen.

Küchenrolle: Falls beim Transport doch etwas ausgelaufen ist. Falls beim Essen jemand kleckert. Falls die Servietten ausgehen.

Korkenzieher. Sonnencreme. Feuerzeug.

Der richtige Transport

Der Picknickkorb

Kein anderes Utensil hat einen so hohen Romantikfaktor wie der Picknickkorb aus Weidenholz. Man isst mit Stil. Hübsches Geschirr ist beim Korb schon dabei. Und alles wird zudem praktisch und sicher verpackt. Wer nur zu zweit ist und keine lange Wanderung vor dem Picknicken plant, kommt um diesen Klassiker nicht herum. Kleiner Nachteil: Picknickkörbe bieten nicht ganz so viel Stauraum.
Picknickkörbe eignen sich besonders für

- Picknick für Verliebte
- Biergartenpicknick
- Picknick für Faule

Der Picknickrucksack

Der Picknickrucksack macht einen längeren Spaziergang locker mit! Für Teller, Gläser, Besteck, Thermoskanne und Decke gibt es eigene Fächer und Halterungen. Sogar an Fächer für Kühlakkus ist bei guten Picknickrucksäcken gedacht. Mehr Ordnung geht nicht. Weil im Volumen eher limitiert und damit sich niemand überhebt, am besten zwei Picknickrucksäcke mitnehmen. Reicht garantiert für alles.
Der Picknickrucksack eignet sich besonders für

- Bergsteigerpicknick
- Sportlerpicknick

Der Fahrradkorb/-anhänger

Ganz klar der König unter den Transportmöglichkeiten. Korb und Anhänger bieten viel und flexibel Platz – so werden garantiert alle satt! Der Transport ist dank der Gangschaltung ein leicht zu bewältigendes Fitnessprogramm. Und Appetit macht das Radeln auch.
Der Fahrradanhänger eignet sich besonders für

- Picknick in großer Runde
- Picknick am See

Tipps und Tricks

GETRÄNKE

Ist ein Picknick in größerer Runde geplant, kann der Getränkebedarf leicht anhand der 30-30-40-Formel berechnet werden. Dafür teilt man die Anzahl der Gäste in zweimal 30 und einmal 40 Prozent. Daraus ergeben sich die folgenden Mengen:

30 Prozent der Gäste x 2 = Anzahl der Flaschen Bier pro Stunde
30 Prozent der Gäste x 0,25 = Wein in Litern pro Stunde
40 Prozent der Gäste x 0,625 = Wasser und Saft in Litern pro Stunde

Klingt hochmathematisch, funktioniert aber. Für ein Picknick mit 20 Personen braucht man also 14 Bier, zwei Flaschen Wein sowie 5 Liter Wasser und Saft pro Stunde.
Fürs Picknick nur mit Kindern gilt: 1l Wasser und ein halber Liter Fruchtsaft pro Nase (Das Umschütten zahlreicher Becher ist bereits mit eingeplant).

KÜHLUNG

Kühlakkus sind zuverlässige Helfer und halten in einem normalen Picknickkorb oder einem Rucksack bis zu drei Stunden. Platzsparender: Selbstgemachte Limonaden und Tees bis kurz vor dem Gefrierpunkt ins Eisfach legen (ca. 1 Stunde pro Liter), sie ersetzen dann gleich die Kühlakkus.
Eiswürfel für die Getränke selbst bleiben in einer Thermoskanne bis zu vier Stunden fest. Idealerweise legt man die Thermoskanne kurz mit den Würfeln ins Eisfach.

Die Speisen kühlt man am besten mit Geschirrtüchern: Diese gut anfeuchten und dann für eine halbe Stunde ins Eisfach legen, so umwickelt bleibt das Essen mindestens eine Stunde lang geschützt.

VERPACKUNG

Verschließbare Plastikbehälter eignen sich am besten. Außerdem halten sie vor Ort Insekten und Ameisen vom Essen fern. Sind nicht mehr genügend Tupperbehälter im Haus, schlägt man das Essen in Butterbrotpapier, Alu- oder Klarsichtfolie ein und wickelt das Ganze in ein Geschirrtuch ein. Eine perfekte Polsterung selbst für empfindliche Gerichte!
Dips und Saucen am besten immer extra verpacken. In kleinen Gläsern mit Schraubverschluss, damit man den Dip vor Ort noch einmal aufschütteln kann.
Nachtisch transportiert man stilvoll in Weckgläsern oder ihren Verwandten. Die gibt es in allen Größen, mit Deckel und Klippverschluss, da läuft nichts aus. Sie sind zwar etwas schwerer, sehen dafür aber schön aus.
Wer öfter picknickt, sollte sich Schüsseln aus stabilem Kunststoff mit Deckel zulegen. Die eignen sich wunderbar für alle Salate, selbstgemachten Quark, Hackfleischbällchen oder Gyoza.

„Feiern wir eigentlich rein oder raus?“

GEBURTSTAGS
PICKNICK

Kinder des Sommers
sind zu beneiden, sie können
ihren Ehrentag mit einem
Geburtstagspicknick feiern.
Aufgetischt werden Panza-
nella, ein pikant-frischer
Brotsalat aus der Toskana, eine
würzige Gurkensuppe mit
Korianderlachs, Wraps mit
Corned Beef …
und natürlich ein fantastischer
Geburtstagskuchen!

Nicht vergessen:

den Geburtstagskuchen, das Geburtstagsständchen und das Geburtstagskind

Kalte Gurkensuppe mit Korianderlachs

Zutaten für 6 Portionen
Für die Gurkensuppe:
2 mittelgroße Gurken
½ Bund Dill
1 Becher Crème fraîche
1 rote Paprika
Salz
Pfeffer
2 EL Zitronensaft

Für den Lachs:
1 mittelgroße Lachsforelle
½ Zitrone
4 EL Koriandersamen
Olivenöl
Butter
1 Schuss Weißwein

Die Gurken waschen und halbieren. Mit einem Löffel die Kerne auskratzen. Den Dill fein hacken. Nun die Gurkenhälften in Stücke schneiden und zusammen mit der Crème fraîche in ein hohes Gefäß geben und alles gut pürieren.

Die Suppe mit Salz, Pfeffer und Zitronensaft abschmecken und für eine halbe Stunde in den Kühlschrank stellen.
Die Paprika fein würfeln.
Die Lachsforelle unter kaltem Wasser abspülen und trockentupfen. Innen salzen und pfeffern, außen mit Zitronensaft beträufeln und im Koriander wenden.
Eine große Pfanne mit Olivenöl und Butter erhitzen und die Lachsforelle darin auf beiden Seiten gut anbraten, mit einem Schuss Weißwein ablöschen, nochmal Butter und Zitronensaft dazugeben. Den Ofen auf 100° C einheizen, die Lachsforelle aus der Pfanne nehmen, in Alufolie einwickeln und im Ofen ca. 10 Min. nachziehen lassen.
Beim Picknick bekommt jeder zur Gurkensuppe einen Holzspieß, mit dem er sich ein Stück von der Forelle angeln kann. Wer mag, kann die Forelle zu Hause bereits filetieren und in mundgerechte Happen teilen.

Zubereitungszeit: 30 Min., 30 Min. kühlen
Transport: Suppe in Weckgläsern mit verschließbarem Deckel. Fisch in Alufolie und rechteckiger Box

Crostata di Ciliegie

Zutaten für 1 Springform
Für den Teig:
250 g Mehl
50 g fein gehackte Mandeln
1 Prise Salz
70 g Zucker
125 g kalte Butter
1 Ei
1Eigelb

Für den Belag:
1,2 kg frische Kirschen
(alternativ aus dem Glas)
100 g Zucker
1 Messerspitze gemahlene
Gewürznelken
1 unbehandelte Zitrone
1 Eigelb
1 EL Milch
2 EL Lavendelblüten
(1 EL Speisestärke)

Die Mandeln mit einem Wiegemesser fein hacken und mit dem auf einer Arbeitsplatte angehäuften Mehl, Salz und Zucker vermischen. Die Butter in kleine Stücke schneiden und mit dem Ei und Eigelb dazugeben. Alles von Hand solange durchkneten, bis sich ein einheitlicher Teig gebildet hat. Anschließend den Teig zur Kugel formen, in Alufolie packen und für eine Stunde in den Kühlschrank stellen.
Nun eine schöne Musik einlegen und mit dem Entsteinen der Kirschen beginnen. Das kann ein bisschen dauern, geht aber mit jeder Kirsche besser von der Hand. Die Kirschen in einem Topf mit Zucker und Nelken erwärmen und ca. 15 Min. köcheln lassen. Die Zitrone waschen, die

Schale abreiben (nur das Gelbe!) und zu den Kirschen geben. Die Flüssigkeit bei den Kirschen sollte nach 15 Min. leicht dickflüssig geworden sein, ansonsten gibt man noch einen halben Esslöffel Speisestärke dazu.
Den Backofen auf 180° C vorheizen. Den Teig aus dem Kühlschrank holen und zwei Drittel davon mit einem Nudelholz ausrollen. Das geht am besten zwischen zwei Klarsichtfolien, da der Teig sehr leicht auseinanderbricht. Eine Springform einfetten und mit Paniermehl ausstreuen. Den Teig in die Kuchenform legen und aus den überstehenden Resten einen Rand formen.
Das letzte Drittel Teig ebenfalls ausrollen und in 2 cm breite Streifen schneiden (mit einem gezackten Rad, dann gibt's schöne Ränder). Die Kirschen auf dem Teig verteilen und die Teigstreifen auf den Kirschen wie ein Gitternetz anordnen. Das Eigelb mit der Milch verrühren und die Teigstreifen damit bepinseln.
Die Crostata nun ca. 45 Min. backen und weitere 10 Min. in der Form abkühlen lassen.
Vor dem Servieren mit Lavendelblüten bestreuen.

Zubereitungszeit: 1 Stunde aktiv, 45 Min. backen, 10 Min. kühlen
Transport: in der eigenen Springform, mit Geschirrtuch umwickelt

Wraps mit Corned Beef

Zutaten für 10 Wraps
10 Wraps (Weizen- oder Maisfladen)
10 Scheiben Corned Beef
10 Scheiben milder Bergkäse
½ Kopfsalat
20 Erdbeeren
1 Chilischote
Olivenöl
1 Becher Sauerrahm/Mayonnaise/Remoulade

Die Tortilla-Wraps nebeneinander ausbreiten und gleichmäßig mit Sauerrahm bestreichen. Die Chilischote ganz fein hacken und über den Sauerrahm streuen. Die Erdbeeren waschen und in Scheiben schneiden. Den Kopfsalat ebenfalls waschen und gut trockenschleudern.

Jeden Wrap mit zwei Salatblättern, einigen Erdbeerscheiben und je einer Scheibe Käse und Corned Beef belegen. Olivenöl darüber träufeln. Die Wraps an zwei gegenüberliegenden Seiten ca. 3 cm einklappen und fest zusammenrollen. Mit einer Serviette oder Küchenpapier umwickeln und in der Mitte durchschneiden. Die Wraps bis zum Picknick noch mindestens 1 Stunde im Kühlschrank aufbewahren.
Tipp: Die Wraps lassen sich leichter rollen, wenn sie vorher in einer beschichteten Pfanne kurz von beiden Seiten ohne Öl erhitzt werden.
Der Sauerrahm kann auch durch Mayonnaise oder Remoulade ersetzt werden.

Zubereitungszeit: 15 Min., 1 Stunde ruhen
Transport: rechteckige Box mit verschließbarem Deckel

Roter Guglhupf

Zutaten für 1 Guglhupfform
Für den Teig:
120 g Marzipanrohmasse
250 ml Milch
200 g weiche Butter
280 g Zucker
5 Eier
1 Eigelb
½ Vanilleschote
1 TL abgeriebene Schale einer unbehandelten Zitrone
350 g Mehl
50 g Rote Bete
2 ½ TL Backpulver
6 EL Kakaopulver
Butter für die Form

Für die Glasur:
150 g Puderzucker
2 EL Rote-Bete-Saft

Die Marzipanrohmasse von Hand in kleine Stücke zupfen. Mit 4 EL Milch im Mixer pürieren, nach und nach die gesamte Milch zugeben. Den Backofen auf 180°C vorheizen.

Die Rote Bete schälen und raspeln.
Die weiche Butter mit dem Zucker in einer Rührschüssel schaumig rühren.
Die Eier und das Eigelb zugeben, alles gründlich verrühren. Die Vanilleschote längs aufschlitzen, mit einem Teelöffel das Vanillemark auskratzen und mit der Zitronenschale unter den Teig rühren.
Mehl, Backpulver und Kakao mischen und abwechselnd mit der Marzipanmilch vorsichtig unter den Teig rühren.
Zum Schluss die Rote-Bete-Raspel unterziehen.
Den Kuchen nun 50-55 Min. lang backen, herausnehmen und abkühlen lassen.
Den Puderzucker in eine große Tasse geben und 2 EL Rote-Bete-Saft dazugeben, mit einer Gabel kräftig verrühren. Die Glasur ist genau richtig, wenn sie zäh von der Gabel tropft. Den Kuchen komplett mit Glasur bestreichen. Wer mag, kann oben auf dem Kranz ganze Mandeln in die Glasur drücken.
Beim Picknick die mitgebrachten Kerzen auf den Kuchen stecken.

Zubereitungszeit: 30 Min., 55 Min. backen
Transport: Kuchenbox

Ingwer-Limonen-Limonade

Zutaten für 1 Liter Limonade
50 g Ingwer
8 Limetten
½ Liter Zitronenlimonade
¼ Liter Wasser, kohlensäurehaltig
Eiswürfel
8 EL Zucker

Den Ingwer waschen und in feine Scheiben schneiden. 2 Limetten halbieren und auspressen. Die restlichen Limetten ebenfalls waschen und vierteln. Die Zutaten nun in ein hohes Gefäß geben, den Zucker dazugeben und 10 Min. ansetzen. Dann mit Zitronenlimonade und Wasser aufgießen. Beim Picknick in jedes Glas ca. 8 Eiswürfel geben und die Limonade eingießen.

Zubereitungszeit: 20 Min., inkl. 10 Min. Ansetzen
Transport: Flasche mit breiter, verschließbarer Öffnung, im eigenen Garten im Glaskrug

Panzanella – Brotsalat aus der Toskana

Zutaten für 6 Portionen
200 g Weißbrot (am besten 2 Tage alt)
1 weiße Zwiebel
2 Knoblauchzehen
4 reife Tomaten
½ Salatgurke
1 Paprikaschote, gelb
1 Bund Rucola
1 Bund Petersilie
Salz
Pfeffer
5-6 EL Olivenöl
2 EL Rotweinessig
1 EL Kapern

Das Weißbrot in ca. 1 cm große Würfel schneiden. Ist das Brot erst einen Tag alt, kann man die Brotwürfel in einer Pfanne mit 1 EL Olivenöl leicht anrösten, damit sie später nicht matschig werden. Die Zwiebeln abziehen, vierteln und in feine Scheiben schneiden. Den Knoblauch klein hacken. Tomaten, Paprika, Gurke, Rucola und Petersilie waschen. Tomaten und Gurke in feine Würfel schneiden. Nun die Paprikaschote entkernen und ebenfalls in feine Würfel schneiden. Rucola und Petersilie klein schneiden. Alle Zutaten in eine Salatschüssel geben. Aus Olivenöl und Rotweinessig eine Sauce rühren, mit Salz, Pfeffer und Kapern abschmecken und über den Salat geben. Zum Schluss die Brotwürfel dazugeben und alles noch einmal kräftig mischen. Der Salat darf ruhig ein wenig ziehen.

Zubereitungszeit: 30 Min.
Transport: Salatschüssel mit Deckel

◆ **Gut zu wissen: Der pikant-frische Brotsalat mit Kapern gilt als Aphrodisiakum**

„Ist noch was vom Schokokuchen da?“

PICKNICK IN GROSSER RUNDE

Wenn die Damen zum Pferderennen in Ascot fahren, dürfen zwei Dinge nicht fehlen: Eine waghalsige Hutkreation auf dem Kopf und die Picknickdecke im Gepäck. Zu Hunderten lassen sich die feinen Damen und Herren der Gesellschaft auf dem Grün der Rennbahn nieder – es entsteht eine ganz besondere Stimmung. Beim Picknick in großer Runde geht es drunter und drüber, es wird gelacht und getrunken und natürlich gut gegessen. Und wenn jeder sich eines der nachfolgenden Rezepte annimmt, macht die Vorbereitung nicht einmal große Mühe.

Faustregel fürs Picknick in großer Runde:

Alle bringen ein klein wenig mehr zu essen und zu trinken mit, als sie selbst schaffen würden. Dann reicht es garantiert.

Schokokuchen Esterhazy

Zutaten für eine Springform
230 g weiche Butter
230 g Zucker
9 Eier
230 g geschmolzene Zartbitterschokolade (besonders gut eignet sich Schokolade mit Kakaosplittern und einem Kakaoanteil von 70%)
2 EL Puderzucker
(1 Handvoll essbare Blüten)

Die handwarme Butter in Flöckchen zerteilen und in eine Rührschüssel geben (Vorsicht, nicht zu warm, sonst gerinnt später das Eigelb). Die Eier trennen und das Eiweiß in eine separate hohe Schüssel geben. Das Eigelb und den Zucker zur Butter geben und mit dem Handmixer schaumig schlagen, bis die Masse eine wirklich luftig-cremige Konsistenz erhält. Den Backofen auf 180 °C vorheizen.

Die Schokolade im Wasserbad schmelzen. Das Eiweiß steif schlagen. Die etwas abgekühlte Schokolade unter den Teig rühren, danach gibt man das Eiweiß dazu und rührt dieses ebenfalls vorsichtig auf niedriger Mixerstufe ein.

Nun gut 2/3 der Masse in eine gefettete und mit Semmelbröseln ausgestreute Springform füllen. Den restlichen Teig im Kühlschrank aufbewahren.

Den Kuchen 20-30 Min. im Backofen backen, abkühlen lassen.

Den restlichen Teig über den Kuchen streichen und mindestens 1 Stunde im Kühlschrank aufbewahren. Vor dem Servieren garnieren, z.B. mit Puderzucker oder essbaren Blüten.

Zubereitungszeit: 20 Min., 20-30 Min. backen

Transport: in der eigenen Springform, mit Geschirrtuch umwickelt

Glasnudelsalat

Zutaten für 6 Portionen
200 g Glasnudeln
200 g frische Sojasprossen
1 Bund Frühlingszwiebeln
2 Tomaten
1 gelbe Paprika
2 Schalotten
400 g Hähnchenbrustfilet
1 Bund Koriander
1 Chilischote
1 Limette
Olivenöl
Sojasoße
Salz
Pfeffer

Das Hähnchenbrustfilet waschen und in feine Scheiben schneiden. Schalotten fein würfeln, Frühlingszwiebeln in feine Ringe schneiden. Eine Pfanne mit ein wenig Öl erhitzen und die Hähnchenbruststücke darin kräftig anbraten, die Schalotten dazugeben, mit Salz und Pfeffer würzen. 3-4 Min. lang in der Pfanne mehrmals wenden. Die Frühlingszwiebeln noch für 1 Min. mitdünsten, dann alles vom Herd nehmen und abkühlen lassen. In die Pfanne nun einen Spritzer Olivenöl geben und die Sojasprossen darin 5 Min. erwärmen, mit Sojasoße würzen.
Tomaten und Paprika waschen und klein würfeln, Koriander grob hacken, Chilischote ganz fein hacken und nun alle Zutaten in eine Salatschüssel geben. Aus Olivenöl, Salz, Pfeffer und Limettensaft eine Soße rühren und über den Salat geben. Mindestens ½ Stunde ziehen lassen. Der Salat schmeckt fantastisch, wenn er ein paar Stunden gezogen hat.

Zubereitungszeit: 40 Min., ½ Stunde ziehen
Transport. Salatschüssel mit verschließbarem Deckel

Gyoza

Zutaten für 100 Stück
100 Teigblätter (Dumpling Skins) aus dem Asia-Laden, gefroren
1 Karotte
150 g Weißkohl
1 Handvoll Sprossen
1 Bund Koriander
3 Knoblauchzehen
4 Frühlingszwiebeln
500 g Hackfleisch, gemischt
Sesamöl
Sojasauce
Reisessig
Salz
Pfeffer

Die Teigblätter 1 Stunde lang auftauen. Das Hackfleisch in eine große Schüssel geben. Die Karotte fein rebeln, den Weißkohl in ganz feine Streifen schneiden. Die Sprossen waschen, gut abtropfen und mit einem Messer grob zerteilen. Alle Zutaten zum Fleisch geben. Den Koriander grob hacken, die Frühlingszwiebeln in feine Ringe schneiden, Knoblauch kleinschneiden, ebenfalls zum Fleisch dazugeben. Nun mit Sesamöl, Sojasauce, Reisessig, Salz und Pfeffer würzen und alles gut miteinander vermischen.
Je 5 Teigblätter in zwei Reihen untereinander legen, mit einem Backpinsel den Rand jedes Teigblattes leicht befeuchten und in die Mitte 1 TL Füllung setzen.
Die Hälfte des Teigblatts über die Füllung klappen: es entsteht ein Dreieck.
Die Dreiecke anheben und mit dem Finger zusammendrücken, so dass ein faltiges „Päckchen“ entsteht. Die Gyoza 10 Min. lang dämpfen. Sind alle Gyoza fertig, werden sie nacheinander in einer Pfanne in etwas Olivenöl gebraten, damit die Unterseite schön kross wird.

Zubereitungszeit: 2 Stunden
Transport: Salatschüssel mit verschließbarem Deckel

Tabouleh

Zutaten

2 Tassen Bulgur (Weizenschrot)
4 große vollaromatische Tomaten
2 üppige Bund Petersilie
5 Frühlingszwiebeln
Saft von zwei Zitronen
1 Bund frische Minze (nicht verwechseln mit Pfefferminze)
10 EL Olivenöl
Salz, Pfeffer, Paprika

Der Bulgur wird bissfest gekocht und beiseite gestellt. Die Tomaten gründlich waschen und fein würfeln, die Frühlingszwiebeln in feine Scheiben schneiden. Die Petersilie und die Minze klein schneiden, aber nicht fein hacken. Der Salat schmeckt am besten, wenn die Kräuter nur geschnitten sind!
Alle Zutaten miteinander vermischen. Olivenöl und Zitronensaft zu einer glatten Soße verrühren, mit Salz und Pfeffer abschmecken, mit einer Prise Paprika abrunden. Nun die Soße über den Salat geben und gut vermischen. Eine Stunde ziehen lassen. Der Salat kann mit frischer Minze oder Zitronenscheiben garniert werden.

Zubereitungszeit: 30 Min., 1 Stunde ziehen
Transport: Salatschüssel mit verschließbarem Deckel

Salsa-Salat

Zutaten
4 Tomaten
½ Gurke
1 rote Paprika
1 gelbe Paprika
200 g Schafskäse
1 Dose rote Bohnen
1 Bund Petersilie
Salz
Pfeffer
Essig
Olivenöl
½ Chilischote

Tomaten, Paprika und Gurke fein würfeln. Bohnen abgießen und gut abwaschen. Alle Zutaten in eine große Salatschüssel geben. Den Schafskäse mit der Hand zerbröseln, die Petersilie waschen, grob hacken und beides in die Schüssel geben.
Nun aus Olivenöl, Essig, Salz und Pfeffer eine Soße zubereiten und zusammen mit dem kleingehackten Chili über den Salat geben, gut miteinander vermischen und mindestens 1 Stunde ziehen lassen.

Zubereitungszeit: 25 Min., 1 Stunde ziehen
Transport: Salatschüssel mit verschließbarem Deckel

Schnitzelchen mit Sesam und Kräuter-Senf Dip

Zutaten für 30 Schnitzelchen

Für die Schnitzelchen:
10 Kalbsschnitzel, dünn geklopft
150 g Mehl
4 Eier
250 g Sesam, geschält
50 g Semmelbrösel
Salz
Pfeffer
Sonnenblumenöl

Für den Dip:
50 ml Weißwein
3 Frühlingszwiebeln
1 Bund gemischte Kräuter (z.B. Liebstöckel, Petersilie, Schnittlauch, Dill)
2 Eier, hartgekocht
2 EL Senf
1 Glas Sauerrahm

Die Schnitzelchen: Die Schnitzel dünn klopfen (oder bereits vom Metzger erledigen lassen) und in je drei gleiche Teile schneiden. Drei tiefe Teller bereitstellen. In den ersten etwas Mehl geben. Im zweiten die Eier aufschlagen und mit einer Gabel grob verquirlen. Im dritten Teller Sesam und Semmelbrösel miteinander vermischen.

In einer Pfanne das Sonnenblumenöl heiß werden lassen. Nun die Schnitzelchen mit Pfeffer und Salz würzen, auf beiden Seiten mit Mehl bestäuben, durch die Eier ziehen und dann in der Sesam-Semmelbrösel Mischung wenden. Die panierten Schnitzelchen immer sofort in das heiße Fett legen und auf beiden Seiten jeweils 2 Min. goldgelb braten. Auf Küchenkrepp abtropfen lassen.

Der Dip: Vom Bratensatz ca. 3 EL in der Pfanne behalten, den Rest abgießen. Den Bratensatz nun mit Weißwein ablöschen und kurz einkochen. Die Frühlingszwiebeln in Röllchen schneiden. Mit Kräutern, Senf und Sauerrahm in die Pfanne geben und mit Salz und Pfeffer abschmecken. Eier klein hacken und ebenfalls unter die Soße ziehen. Den Dip in eine Schale füllen und kalt werden lassen.

Tipp: Sesam und Mehl können durch Gomasio – Sesamschrot mit Meersalz aus dem Reformhaus – ersetzt werden. Durch die feinere Konsistenz haftet die Panade wunderbar. Die Panade souffliert besonders schön, wenn man die Pfanne beim Ausbacken rüttelt.

Zubereitungszeit: 40 Min. (inkl. Klopfen), 20 Min. ausbacken
Transport: rechteckige Box mit Deckel

Wraps à la parisienne

Zutaten für 20 Wraps
10 Wraps (Weizen- oder Maisfladen)
200 g französischer Ziegenkäse
(z.B. von der Loire)
15 Datteln
3 EL Feigensenf
150 g blaue Weintrauben
1 rote Paprikaschote
½ Kopfsalat
50 g Feldsalat
80 g Walnusskerne
Salz
Pfeffer

Die Wraps nebeneinander ausbreiten. Die Datteln ganz klein schneiden und mit dem Feigensenf vermischen, die Wraps damit bestreichen. Kopf- und Feldsalat waschen und gut trockenschleudern. Jeden Wrap mit den zwei Salatsorten belegen. Ziegenkäse in kleine Stücke zerteilen, die Paprika waschen und in feine Streifen schneiden, die ebenfalls gewaschenen Weintrauben halbieren. Alles gleichmäßig über dem Salat verteilen. Zum Schluss die Walnusskerne zerkleinern und über die Wraps streuen. Mit Salz und Pfeffer abschmecken. Die Wraps an zwei gegenüberliegenden Seiten ca. 3 cm einklappen und fest zusammenrollen. Mit einer Serviette oder Küchenpapier umwickeln und in der Mitte durchschneiden.
Tipp: Die Wraps lassen sich leichter rollen, wenn sie vorher in einer beschichteten Pfanne kurz von beiden Seiten ohne Öl erhitzt werden.

Zubereitungszeit: 35 Min.
Transport: rechteckige Box mit verschließbarem Deckel

◆ **Varianten: Zu den Wraps passt auch gut ein zusätzlicher Spritzer Himbeeressig. Eisberg- statt Kopfsalat sorgt für eine knackigere Konsistenz der Wraps.**

Focaccia mit Kräutern und Oliven

Zutaten für 2 große Fladen
500 g Mehl
20 g Hartweizengrieß
1 Würfel frische Hefe
1 TL Salz
50 ml Olivenöl
250 ml lauwarmes Wasser
150 g schwarze Oliven, entsteint
1 TL Meersalz, grob
frischer Thymian
frischer Rosmarin
frischer Salbei
frischer Oregano

Mehl und Grieß auf eine Arbeitsplatte geben und gut vermischen. Die Menge anhäufen. In die Mitte eine Mulde drücken und die Hefe in etwas warmem Wasser in der Mulde auflösen, Salz und Olivenöl zugeben und mit dem restlichen Wasser einen geschmeidigen Hefeteig kneten. Zugedeckt an einem warmen Ort eine Stunde gehen lassen. Die Oliven in Ringe schneiden und in den Teig einarbeiten. Dann zwei Fladen formen, die gemeinsam auf ein Backblech passen.
In die Oberfläche mit dem Finger kleine Vertiefungen drücken und etwas Olivenöl hineinträufeln. Nochmals 30 Min. zugedeckt gehen lassen.
Das grobe Salz und die frischen zerkleinerten Kräuter auf dem Fladen verteilen. Bei 220 °C im vorgeheizten Backofen ca. 25 Min. goldbraun backen.

Zubereitungszeit: 30 Min., 1,5 Stunden Gehzeit, 25 Min. backen
Transport: eingeschlagen in ein Geschirrtuch

◆ Varianten: Die Focaccia lässt sich leicht variieren. Die Oliven können durch Walnüsse oder Maronen ersetzt werden. Zusätzlich kann man sie mit Chili würzen. Wichtig ist nur, dass alle Zutaten von bester Qualität sind.

Milchrahmstrudel mit Zimtorangen

Zutaten für 2 Strudel
Für den Strudelteig:
50 ml Öl
200 g Mehl
½ TL Zucker
Salz
2 EL lauwarmes Wasser
1 Ei
Für die Füllung:
70 g weiche Butter
150 g Zucker
1 EL Stärke
4 Eigelb
150 g saure Sahne
500 g Speisequark
4 EL Sahne
1 EL abgeriebene Zitronenschale
Mark von 1 Vanilleschote
Salz
3 Orangen
½ Zimtstange
4 EL flüssige Butter
100 g Sahne
1 Ei
1 EL Zucker

Mehl mit Zucker und einer Prise Salz mischen. Öl, lauwarmes Wasser und Ei hinzufügen und zu einem glatten Teig verkneten. Teig in zwei Hälften teilen, zwei Kugeln daraus formen, in Frischhaltefolie wickeln und bei Zimmertemperatur 15 Min. ruhen lassen.
Für die Füllung Butter und 130 g Zucker schaumig rühren. Stärke und Eigelbe unterrühren. Nach und nach saure Sahne, Quark, Sahne mit Zitronenschale, Vanillemark und eine Prise Salz hinzufügen und gut miteinander verrühren.
Orangen schälen und die Fruchtfilets aus den Trennhäuten lösen. Den restlichen Zucker in einer Pfanne karamellisieren, die Orangenfilets dazugeben. Die Pfanne vom Herd nehmen, die Zimtrinde hinzufügen und die Orangenfilets 15 Min. ziehen lassen.
Für den Guss Sahne, Ei, Zucker und Stärke miteinander verquirlen. Den Backofen auf 190 °C vorheizen. Einen der Strudelteige auf der leicht bemehlten Arbeitsfläche dünn ausrollen und zu einem Rechteck (etwa 25 x 30 cm) ausziehen. Mit der Quarkfüllung bestreichen, dabei einen 3 cm breiten Rand frei lassen. Ca. 2 EL Butter verflüssigen. Die Hälfte der Zimtorangen gleichmäßig auf die Quarkfüllung geben und mit der flüssigen Butter beträufeln. Den Teig an den beiden schmalen Seiten nach innen über die Quarkfüllung schlagen und den Strudel von der Längsseite her aufrollen. Genauso nun auch den zweiten Strudel zubereiten.
Beide Strudel in eine mit Backpapier ausgelegte Auflaufform legen, mit dem Guss überziehen. Die Strudel im Ofen auf der mittleren Schiene ca. 35 Min. backen, dann die Temperatur auf 170 °C reduzieren und die Strudel weitere 15 Min. backen.
Zubereitungszeit: 1 Stunde, 15 Min. ruhen, 50 Min. backen
Transport: direkt auf dem Blech lassen und mit Klarsichtfolie abdecken. Sonst den Milchrahmstrudel in große Stücke teilen und in einer Box mit Deckel transportieren.

Munich Summer Bowle

Zutaten für 2,5 Liter Bowle
1 Flasche Prosecco
1 Flasche Weißwein
½ Liter Mangosaft
1 Zitrone
1 Orange
250 ml Ingwerlikör
1 Bund Minze

Den Ingwerlikör in eine kalt ausgespülte Bowleschüssel geben. Den eisgekühlten Prosecco und den sehr kühlen Wein dazugeben und alles gut miteinander vermischen. Nun mit Mangosaft aufgießen. Zitrone und Orange in Scheiben schneiden und mit den Minzeblättchen in die Bowle geben.
Mit Eiswürfeln im Glas servieren.

Zubereitungszeit: 15 Min.
Transport: Die Bowle kann auch vor Ort frisch zubereitet werden. Dann werden nur die Zitrone und die Orange zu Hause geschnitten.

„Ich will Pizza!!!“

KINDERPICKNICK

Kinder lieben Picknick
und sie hassen es stillzusitzen.
Die Lösung? Fingerfood!
In der einen Hand hält man dann
eben das Hackfleischbällchen, in der
anderen den Stock – Verzeihung! –
das Schwert, mit dem der holde Ritter
kämpfen muss. Stockbrot mit
Kräuterquark, Pizzette, Erdbeerspieße und Vanillecremetörtchen werden
beim Kinderpicknick flugs von der
Decke gemopst und auf dem Weg
zurück ins Spielgetümmel vernascht.

Nicht vergessen:

• einen Ball für die Jungs • mit den Mädchen aus Gänseblümchen und Gräsern Armbänder oder eine Krone drehen
• Handtücher (Irgendeiner fällt immer ins Wasser) • Pflaster

Pikante Hackfleischbällchen

Zutaten für ca. 100 Bällchen
1 kg Hackfleisch, gemischt
4 Eier
1 Tasse Semmelbrösel
1 Bund Petersilie
1 Bund Schnittlauch
1 rote Chilischote, mild
3 kleinere Zwiebeln
Olivenöl
Salz
Pfeffer

Die Hände gut waschen. Hackfleisch in eine große Schüssel geben. Eier aufschlagen und zum Hackfleisch geben. Petersilie und Schnittlauch klein schneiden, Zwiebeln fein hacken. Nun die Chilischote halbieren und die Kerne entfernen. Ganz fein hacken. Alles zum Hackfleisch geben und kräftig durchkneten. Mit Salz und Pfeffer würzen. Eine halbe Tasse Semmelbrösel hinzugeben und nochmals kneten. Ist die Hackfleischmasse noch zu feucht, kann man die restlichen Semmelbrösel auch dazugeben.
Ca. 100 kleine Bällchen mit einem Durchmesser von max. 3 cm formen.
In eine große Pfanne Olivenöl (Bratöl geht auch, das kann noch stärker erhitzt werden) geben und erhitzen. Wenn das Öl heiß ist, die Bällchen in die Pfanne legen und in drei Durchgängen von allen Seiten braten, bis sie eine dunkle Farbe angenommen haben und schön kross sind.
Die Bällchen aus der Pfanne nehmen und auf einem Küchentuch abtropfen lassen. Dazu passt wunderbar der hausgemachte Kräuterquark (S.46).

Zubereitungszeit: 40 Min., 30 Min. braten
Transport: Salatschüssel mit verschließbarem Deckel

Hausgemachter Kräuterquark

Zutaten für eine mittelgroße Schüssel
750 g Quark (40%)
250 g Magerquark
1 Becher Sauerrahm
1 Bund Rucola
1 Bund Schnittlauch
1 Bund Petersilie
1 Bund Basilikum
2 EL Thymian
2 EL Oregano
Salz
Pfeffer aus der Mühle
1 Handvoll frische bunte Essblüten

Quark und Sauerrahm in eine Schüssel geben und mit dem Schneebesen glattrühren. Kräuter klein schneiden. Nicht hacken, damit sie noch genügend Biss haben. Mit Salz und Pfeffer abschmecken, mit Essblüten bestreuen und 1 Stunde lang kühl stellen.
Dazu passen frisches Bauernbrot und Radieschen. Und die pikanten Hackfleischbällchen.

Zubereitungszeit: 10 Min., 1 Stunde kühlen
Transport: Salatschüssel mit verschließbarem Deckel

◆ **Tipp: Essblüten finden sich oft auch auf der Picknickwiese, z.B Gänseblümchen**

Stockbrot

Zutaten für 15 Stück
500 g Mehl
1 Päckchen Backpulver
½ TL Salz
80 g weiche Butter
150 ml lauwarme Milch

Mehl auf eine Arbeitsplatte geben und mit Backpulver und Salz vermischen. Die Butter in Flöckchen dazugeben und nach und nach die lauwarme Milch einarbeiten. Zu einem geschmeidigen Teig verkneten und diesen 10 Min. ruhen lassen.
Den Teig in 15 Portionen teilen und jede zu einer langen Rolle formen.
Holzstäbchen mit etwas Olivenöl einreiben und den gerollten Teig spiralförmig um jedes Holzstäbchen wickeln.
Backofen auf 180 °C vorheizen und das Stockbrot darin 15 Min. backen.
Wer beim Picknick auch ein Lagerfeuer macht, kann das Brot über der heißen Glut knusprig rösten.

Zubereitungszeit: 20 Min., 10 Min. ruhen, 15 Min. backen
Transport: Geschirrtuch

Pizzette

Zutaten für 30 Stück

Für den Pizzateig:
600 g Mehl
½ TL Salz
8 EL Olivenöl
1 Würfel Hefe
300 ml lauwarmes Wasser

Für den Belag:
400 ml Tomatensugo
150 g Champignons
100 g Salami
50 g Gorgonzola
100 g gekochter Schinken
Oregano
Basilikum
200 g Mozzarella
50 g schwarze Oliven
Salz
Pfeffer

Das Mehl auf eine Arbeitsplatte geben und anhäufen. In die Mitte eine Mulde drücken und die Hefe hineinbröseln, mit gut lauwarmem Wasser verrühren, das Olivenöl und das Salz dazugeben und alles mit den Händen zu einem geschmeidigen Teig kneten. Den Teig an einem ruhigen Ort zugedeckt 45 Min. lang gehen lassen.
Inzwischen den Belag vorbereiten. Die Champignons putzen und in Scheiben schneiden, Gorgonzola zerbröseln, Oliven, Mozzarella und Schinken in Streifen schneiden.
Den Backofen auf 220°C vorheizen.
Den Teig auf einer bemehlten Arbeitsfläche sehr dünn ausrollen und mit einer Tasse oder einem Plätzchenausstecher (ca. 8 cm Durchmesser) kleine Teigkreise ausstechen.
Die Pizzette mit dem Sugo bestreichen, mit Oregano, Pfeffer und Salz würzen und nach Belieben belegen.

Folgende Kombinationen für den Belag passen gut:
- Salami, Gorgonzola und Basilikum
- Champignons und Schinken
- Mozzarella und Oliven

Die Pizzette im Backofen auf 2 Blechen 10-12 Min. backen.

Tipp: Auf die Pizzette kommt, was Kindern schmeckt. Ob Sardellen, Parmaschinken, Ananas oder Thunfisch: gemeinsam belegen macht am meisten Spaß!

Zubereitungszeit: 35 Min., 45 Min. gehen, 12 Min. backen
Transport: Box mit verschließbarem Deckel

◆ **Gut zu wissen: Der knusprige Boden gelingt auch ohne Pizzastein, wenn man das Blech bei 220°C im Ofen vorheizt und dann die Pizzette mit Backpapier drauflegt. So wird der Boden sehr schnell heiß und dadurch schön kross.**

Vanillecremetörtchen

Zutaten für 12 Stück

Für den Mürbeteig:
220 g Mehl
30 g Speisestärke
75 g Zucker
1 großes Ei
120 g Butter

Für die Füllung:
1 Becher Sahne
1 Vanilleschote
50 g Zucker
1 EL abgeriebene Zitronenschale
5 Eigelb
1 TL Speisestärke
1 EL Puderzucker
½ TL Zimt

Für den Mürbeteig Mehl, Speisestärke, Zucker, Ei und Butterflocken mit einem Knethaken verrühren. Den bröseligen Teig nun auf eine leicht bemehlte Arbeitsfläche geben und mit den Händen zügig zusammenkneten. Den Teig in Frischhaltefolie wickeln und für 30 Min. lang kalt stellen.
Von der Sahne 3 EL beiseite stellen. Für die Füllung die restliche Sahne in einem Topf langsam erhitzen, das Mark der Vanilleschote, Zucker und die Zitronenschale dazugeben. Das Eigelb gründlich schlagen und ebenfalls in die Sahne einrühren. Kurz bevor die Sahne zu kochen beginnt, die mit der Stärke verquirlten 3 EL Sahne dazugeben. Ausgiebig rühren, bis die Masse dickflüssig wird. Sofort vom Herd nehmen und abkühlen lassen.
Den Backofen auf 175 °C vorheizen. Den Mürbeteig aus dem Kühlschrank holen, auf einer bemehlten Arbeitsplatte ausrollen und 12 Kreise ausschneiden, die einen Durchmesser von je ca. 10 cm haben. Jeden Kreis vorsichtig in die gefetteten Mulden einer Muffinform hineingeben, so dass diese jeweils ganz ausgekleidet ist. Das Muffinblech nun für 20 Min. in den Ofen schieben und den Teig vorbacken. Herausnehmen und die Vanillecreme gleichmäßig in alle Mulden füllen. Nochmals ca. 10 Min. backen. Nach dem Backen abkühlen lassen, dann die Cremetörtchen vorsichtig aus der Form lösen. Mit Puderzucker und etwas Zimt bestreuen.

Tipp: Butter und Ei kommen am besten direkt aus dem Kühlschrank, wenn man den Teig zubereitet. Der Teig sollte zügig hergestellt werden, knetet man ihn zu lange mit den Händen, verliert er durch die Handwärme seine Geschmeidigkeit und lässt sich nicht mehr gut ausrollen.

Zubereitungszeit: 30 Min., 30 Min. ruhen, 30 Min. backen
Transport: Salatschüssel mit verschließbarem Deckel

Erdbeerspieße mit Schokolade

Zutaten für 8 Spieße
500 g Erdbeeren
20 Minzeblättchen
3 Tafeln Schokolade (je 100 g)
50 g geschälte Mandeln
8 Holzspieße

Erdbeeren waschen und mit Küchenpapier trockentupfen. Je ca. 5 Erdbeeren auf einen Spieß stecken. Mit Minzeblättern beginnen und abschließen.
Die Schokolade im Wasserbad langsam schmelzen. Die flüssige Schokolade in eine flache rechteckige Auflaufform gießen und die Erdbeerspieße darin eintauchen. Auf ein mit Backpapier ausgelegtes Blech legen. Mandeln fein hacken und darüber streuen. An einem kühlen Ort sind die Erdbeerspieße nach ca. 20 Min. fest.
Tipp: Welche Schokolade man verwendet, ist Geschmackssache. Gut eignet sich Schokolade mit einem Kakaoanteil von 60% oder Schokolade mit Kakaosplittern. Das Rezept funktioniert aber auch mit Vollmichschokolade und weißer Schokolade.

Zubereitungszeit: 25 Min., 20 Min. kühlen
Transport: Box mit verschließbarem Deckel

◆ **Varianten: Für die Spieße eignet sich auch anderes Obst wie Bananen, Ananas oder Weintrauben.**

Apfeltee mit Minze

Zutaten für 1,5 Liter
2 Bund frische Minze
(nicht verwechseln mit Pfefferminze!)
2 EL brauner Zucker
1 Zitrone
½ Liter Apfelsaft
2 Äpfel

2 Bund frische Minze in einer Teekanne mit 750 ml kochendem Wasser übergießen und 10 Min. ziehen lassen. Den Tee in eine große Karaffe abgießen, den Zucker einrühren und abkühlen lassen. Anschließend mit dem Apfelsaft auffüllen, Zitronensaft dazugeben. Bis zum Transport kühl stellen. Beim Picknick die Äpfel vierteln, in Scheiben schneiden und zusammen mit einigen Minzeblättchen in Gläser verteilen. Mit dem kaltem Apfeltee übergießen.

Zubereitungszeit: 5 Min., 10 Min. ziehen
Transport: Flasche mit verschließbarer, breiter Öffnung

Geisterkugeln

Zutaten für 16 Stück
120 g weiche Butter
100 g Zucker
2 Eier
130 g Mehl
1 TL Backpulver
4 EL Milch
200 g Mascarpone
250 g weiße Schokolade
32 Smarties oder Schokolinsen
50 g Zartbitterschokolade
16 Holzspieße

Den Backofen auf 180 °C vorheizen. Butter, Zucker und Eier schaumig rühren. Mehl, Backpulver und Milch hinzugeben und zu einem glatten Teig verrühren. Den Teig in eine Kastenform geben und 35 Min. lang im Ofen backen, abkühlen lassen.
Den abgekühlten Kuchen in kleine Stücke schneiden und in eine Schüssel geben. Mit den Händen zu kleinen Bröseln zerkleinern. Mascarpone dazugeben und alles gut miteinander verkneten, zu einer Kugel formen, diese in eine Klarsichtfolie packen und 20 Min. ins Gefrierfach legen.
Inzwischen die weiße Schokolade im Wasserbad schmelzen. Aus dem Teig 16 tischtennisballgroße Kugeln formen und auf Holzspieße stecken, im oberen Drittel mit dem Finger zwei Vertiefungen für die Smarties-Augen eindrücken und nochmals für 20 Min. ins Gefrierfach stellen. Dann die Kugeln in die geschmolzene Schokolade tauchen, sofort die Smarties-Augen einsetzen und an einen kühlen Ort zum Trocknen stellen. Gut eignet sich hier z.B. ein Nudelsieb, in das die Spieße gesteckt werden.
Die Zartbitterschokolade im Wasserbad schmelzen und mit einem Zahnstocher einen kleinen Pupillepunkt auf das Auge setzen, Nasenlöcher und einen Mund malen.
Bis zum Picknick unbedingt im Kühlschrank aufbewahren, danach in einer Kühltasche gut weiterkühlen, sonst erwachen die Geister früher, als einem lieb ist.

Zubereitungszeit: 45 Min., 35 Min., 40 Min. kühlen
Transport: in Alufolie gewickelt und aufrecht in ein großes Glas gestellt

„Jetzt hab ich nur noch Hunger auf Dich!“

PICKNICK FÜR VERLIEBTE

Was für ein himmlisches Picknick: Gefüllte Thunfischsteaks, Grillgemüse und Artischockendip, Ricottatortellini mit süßem Kern, Obstsalat mit karamellisierten Nüssen, blühender Champagner. Besonders wichtig: Ein romantisches Plätzchen, an dem man ungestört bleibt. Wer noch niemanden hat, in den er verliebt ist, sollte sich ganz schnell jemanden suchen …

Nicht vergessen:

• schöne Gläser für den Champagner

• eine extrabequeme Picknickdecke und Kissen • Kerzen

Gefüllte Thunfischsteaks mit Feldsalat

Zutaten für 4 Steaks und Salat
Für die Thunfischsteaks:
4 ganze frische Thunfischsteaks (ca. 2,5 cm stark)
4 Handvoll Feldsalat
6 EL Brunnenkresse
4 Frühlingszwiebeln
2 Schalotten
2 Knoblauchzehen
6 EL Olivenöl
Saft von 2 Limetten
4 EL Mandeln
1 EL Sojasauce

Für die Salatsoße:
Olivenöl
Honigessig (alternativ weißer Balsamico)
Saft einer Limette
Salz
Pfeffer

Den Feldsalat gut waschen und trocken schwenken. Kresse grob hacken, die Frühlingszwiebeln und Schalotten ebenfalls. Knoblauch abziehen und in feinste Scheiben schneiden. Kresse, Frühlingszwiebeln, Schalotten und Knoblauch in eine kleine Schüssel geben und mit Olivenöl mischen. Limettensaft gleichmäßig einrühren. Mandeln grob hacken und mit der Sojasauce ebenfalls dazugeben. Den Feldsalat in eine Salatschüssel geben und nun die Salatsoße vorbereiten.
Aus Olivenöl, dem Saft einer Limette, einem Schuss Honigessig, Salz und Pfeffer die Salatsauce zubereiten.
Nun kommen die frischen Thunfischsteaks an die Reihe: Diese werden kurz abgebraust und mit Küchenpapier trockengetupft. Mit einem scharfen Messer schneidet man in jedes Thunfischsteak eine tiefe Tasche. Drei Seiten des Fischstücks bleiben geschlossen. In die Öffnung gibt man vorsichtig die vorbereitete Kresse-Mandel-Füllung. Nicht stopfen!
Mit dem übriggebliebenen Saft der Füllung bestreicht man die Thunfischsteaks rundherum, so werden sie schön saftig.
Die Thunfischsteaks werden nun von beiden Seiten jeweils 1 Min. lang heiß angebraten. Dann die Hitze stark reduzieren und den Thunfisch bei geschlossenem Pfannendeckel noch ca. 2 Min. ziehen lassen. Gerne einmal wenden. Es ist wichtig, dass die Steaks saftig bleiben!

Zubereitungszeit: 30 Min.
Transport: Die Steaks einzeln in Alufolie gewickelt behalten ihre Form und sind beim Picknick sogar noch warm. Salat in eine Schüssel mit verschließbarem Deckel

Grillgemüse mit Artischockendip

Zutaten für 4 Portionen
Für das Grillgemüse:
2 Auberginen
2 Zucchini
200 g Champignons
6 Karotten
2 Paprika, (1 rot, 1 gelb)
½ Bund Staudensellerie
4 Zehen Knoblauch
Olivenöl

Artischockendip:
2 Gläser Artischocken
1 Becher Sauerrahm
4 EL Mayonnaise
1 rote Zwiebel
Petersilie
Schnittlauch
Thymian
Salz
Pfeffer
1 EL Zitronensaft

Backofen auf 200 °C vorheizen.
Auberginen, Zucchini, Karotten, Paprika und Staudensellerie waschen, in Scheiben schneiden und auf ein Backblech legen.
Champignons putzen und mit dem Stiel nach oben auf das Backblech geben.
Knoblauch in feine Scheiben schneiden und über das Gemüse verteilen. Nun großzügig Olivenöl über das Gemüse geben und 20 Min. in den Ofen geben.
Dip: Die Artischocken abtropfen und in kleine Stücke schneiden. Die Zwiebel schälen, die Kräuter waschen, beides ganz fein schneiden und zu den Artischocken geben. Sauerrahm und Mayonnaise unterrühren und mit Salz, Pfeffer und Zitronensaft abschmecken.
Dazu schmeckt auch wunderbar die Focaccia mit Walnüssen auf Seite 39.
Tipp: Das Grillgemüse ist beliebig erweiterbar. Kartoffelscheiben, Fenchel, Spargel... variieren macht Spaß.

Zubereitungszeit: 25 Min., 20 Min. grillen
Transport: Gemüse in die Box mit Deckel, Dip in verschließbare kleine Gläser

Ricottatortellini mit süßem Kern

Zutaten für ca. 30 Stück
200 g Mehl
200 g Butter
200 g Ricotta
2 Eier
1 Glas Lieblingsmarmelade
2 EL Zucker
2 EL Puderzucker

Die handwarme Butter mit Ricotta und Mehl in einer Schüssel von Hand so lange kneten, bis ein geschmeidiger Teig entstanden ist. Den Teig für 15 Min. in den Kühlschrank stellen.
Nun eine Arbeitsplatte großzügig mit Mehl bestreuen und den Teig darauf zu einem Viereck ausrollen. Aus dem Teig ca. 6 cm breite Streifen schneiden, längs und quer, so dass quadratische Teigstücke entstehen. Auf jedes Teigstück in die Mitte einen Klecks Marmelade geben und die Quadrate zu einem Dreieck umklappen. Die Dreiecke zu einem Halbmond formen. Nun mit den Zinken einer Gabel die Ränder festdrücken. Die Eier verquirlen und die Tortellini damit bestreichen und mit feinem Zucker oder Puderzucker bestreuen. Im vorgeheizten Ofen auf ca. 180 °C 15-20 Min. backen, bis sie goldgelb sind.
Für zu Hause gilt: sofort heiß servieren. Fürs Picknick schmecken sie auch kalt ganz wunderbar.

Zubereitungszeit: 30 Min., 15 Min. ruhen, 20 Min. backen
Transport: Zwei Päckchen aus Stoffservietten packen. Sieht später beim Picknick toll aus!

Tipp: Die Flasche bis zuletzt im Kühlschrank lassen (Ideal sind 8 bis 10 Grad), in der Kühltasche transportieren. Champagner nie im Gefrierfach kühlen. Er schäumt sonst nicht mehr.

Blühender Champagner

Zutaten für 2 Verliebte mit Durst

- 1 Flasche Champagner (gut gekühlt)
- 1 Glas Hibiskusblüten, in Sirup eingelegt

Je eine Hibiskusblüte vorsichtig in ein Champagnerglas legen, der Blütenkelch zeigt nach oben. Ein wenig Sirup dazugeben. Mit Champagner langsam auffüllen, die Blüte öffnet sich und fertig ist ein traumhaft schönes Getränk für Verliebte

Obstsalat mit karamellisierten Nüssen

Zutaten für 6 Portionen
2 Äpfel
2 Birnen
2 Bananen
½ Ananas
1 Orange
100 g frische Kirschen
2 Kiwis
Saft einer halben Zitrone
1 EL Zucker
5 EL Honig
150 g gemischte Nüsse (z.B. Walnüsse, Mandeln, Haselnüsse und Pinienkerne)

Äpfel und Birnen gut waschen, das Kerngehäuse entfernen und in mundgerechte Stücke schneiden. Alles weitere Obst ebenfalls in kleine Stücke schneiden und in einer Schüssel gut miteinander vermischen. Zitronensaft und den Zucker hinzugeben.
Die Nüsse klein hacken. Den Honig in eine beschichtete Pfanne geben und unter Rühren karamellisieren. Sobald der Honig Blasen wirft, zügig die Nüsse unterheben und das Nusskaramell sofort über den Obstsalat geben.
Für mindestens eine Stunde in den Kühlschrank stellen.

Zubereitungszeit: 25 Min., 1 Stunde kühlen
Transport: Salatschüssel mit verschließbarem Deckel

Schokoladenkuchen mit flüssigem Kern

Zutaten für 8 Portionen
210 g Butter
210 g Schokolade
8 Eier
210 g Zucker
50 g Mehl
40 g Kakaopulver
Butter für die Einmachgläser
1 Orange
1 EL Puderzucker

Butter und Schokolade im heißen Wasserbad schmelzen. Eier und Zucker ausgiebig schaumig rühren und die etwas abgekühlte Schokoladenbutter dazugeben. Zum Schluss Mehl und Kakaopulver zufügen und alles gut miteinander vermischen.
Nun die Einmachgläser (Füllmenge max. 160 ml) mit Butter einfetten und die Masse gleichmäßig darin verteilen. Mindestens 3 Stunden lang sehr kühl stellen. Max. 10 Min. im vorgeheizten Backofen bei 210 °C backen.
Die kleinen Kuchen sind fertig, wenn die Oberseite des Kuchens einzureißen beginnt, der Kern bleibt schön flüssig. Dazu schmecken wunderbar frische Orangenspalten und ein wenig Puderzucker.

Zubereitungszeit: 20 Min., 3 Stunden kühlen, 10 Min. backen.
Transport: 8 kleine Einmachgläser (160ml)

„Zurück nehmen wir aber den Bus!“

SPORTLERPICKNICK

Sportler, die auf ihre Ernährung achten, müssen keinesfalls darben. Spargel-Garnelen-Salat, Hühnchen mit Erdnusskruste oder Gemüsesticks liefern Energie und liegen nicht schwer im Magen. Und dann wird ja auch noch der Rüblikuchen zum Mund gestemmt. Einmal, zweimal, dreimal … Natürlich verbinden Sportler den Ausflug ins Grüne mit einer Radtour!

Nicht vergessen:

Vor dem Essen Fangen spielen … das erste Mal seit zwanzig Jahren • Sich auf der Picknickdecke gaaaanz lang machen … wegen der bewussten Muskelentspannung!

Spargel-Garnelen-Salat

Zutaten
500 g weißer Spargel
500 g grüner Spargel
500 g Garnelen
½ Zitrone
2 EL Honigessig
3 EL Olivenöl
3 EL Sonnenblumenöl
1 Zehe Knoblauch
½ Bund Petersilie
Senf
Salz
Pfeffer
2 EL Butter

Den Spargel schälen. Einen großen Topf – idealerweise einen Spargeltopf – mit Wasser aufsetzen und zum Kochen bringen. Den weißen Spargel in das kochende Wasser geben und bissfest kochen. Den grünen Spargel in mundgerechte Stücke teilen und in einer Pfanne mit ein wenig geschmolzener Butter und einem Spritzer Zitrone dünsten. Nach ca. 12 Min. ist der weiße Spargel fertig, nach ca. 10 Min. der grüne Spargel in der Pfanne. Den Spargel beiseite stellen und ein wenig abkühlen lassen.

Die Pfanne vom grünen Spargel kann nun gleich weiterverwendet werden. Ein wenig Butter zusammen mit 1 EL Olivenöl in der Pfanne heiß werden lassen und die gewaschenen und mit Küchenpapier trockengetupften Garnelen dazugeben. Knoblauchzehe in kleine Stücke schneiden und zu den Garnelen geben. Ebenfalls den Saft einer halben Zitrone. Wenn die Garnelen eine leichte Bräune angenommen haben, sind sie fertig.
Nun auch den weißen Spargel in ca. 5 cm große Stücke schneiden und mit dem grünen Spargel in eine Salatschüssel geben. Die Garnelen dazugeben.
Für die Salatsauce das Olivenöl und das Sonnenblumenöl vermischen, den Honigessig dazugeben und gut aufschlagen. Mit Salz, Pfeffer und 1 TL Senf abschmecken. Die Petersilie klein schneiden und über den Salat geben. Anschließend die Sauce über den Salat geben und gut durchmischen.
Dazu schmecken Weißbrotchips.

Zubereitungszeit: 45 Min.
Transport: Salatschüssel mit verschließbarem Deckel

Hähnchen mit Erdnusskruste

Zutaten für 10 Portionen
150 ml Öl
6 Hähnchenkeulen
10 Hähnchenflügel
3 Eier
3 EL Wasser
50 g Semmelbrösel
50 g Haferflocken
50 g Erdnüsse ungesalzen
Salz
Pfeffer
Thymian
Paprika
1 Zitrone

Den Backofen auf 200 °C vorheizen. Das Bratöl in ein tiefes Backblech geben, in den Ofen schieben, damit das Fett heiß werden kann. Hähnchenkeulen und -flügel unter kaltem Wasser abspülen und trockentupfen. Kräftig salzen und pfeffern, mit Thymian und Paprika auf beiden Seiten einreiben.
Die Erdnüsse klein hacken und auf einem Teller mit Semmelbröseln und Haferflocken mischen. Auf einem zweiten Teller die Eier grob verquirlen und mit dem Wasser mischen. Hähnchenkeulen und -flügel durch die Eier ziehen und in der Erdnussmischung wälzen.
Die panierten Teile in das Backblech legen und im Backofen kräftig anbraten lassen, nach ca. 10 Min. wenden. Nach weiteren 15 Min. noch einmal wenden und die Temperatur auf 150 °C reduzieren. Mit dem Saft einer Zitrone übergießen. Nach ca. 30 Min. sind die Flügel fertig, die Keulen können noch weitere 10 Min. im Ofen bleiben.

Zubereitungszeit: 20 Min., 40 Min. braten
Transport: rechteckige Box mit verschließbarem Deckel

Roastbeef auf geröstetem Brot mit Remoulade

Zutaten für 8 Sandwichs
16 Scheiben Lieblingsbrot (Weißbrot oder Vollkornbrot)
8 Scheiben bestes Roastbeef
½ Glas Remoulade
4 EL Olivenöl
1 Bund Kresse
16 Scheiben Gurke
2 Zwiebeln
2 EL Honig

Die Zwiebeln schälen und in feine Ringe schneiden. 2 EL Olivenöl in einer Pfanne erhitzen, die Zwiebelringe dazugeben und darin leicht anbräunen. Den Honig dazugeben und die Zwiebeln leicht karamellisieren, vom Herd nehmen und abkühlen lassen.

Den Backofen auf 200 °C vorheizen. Die Brotscheiben mit Olivenöl beträufeln und im Backofen 5 Min. lang grillen. Die Brotscheiben ebenfalls abkühlen lassen. Nun 8 Scheiben Brot nebeneinander legen und mit Remoulade bestreichen. Mit je einer Scheibe Roastbeef und den Karamell-Zwiebeln belegen. Pro Brot zwei Gurkenscheiben auflegen. Die Kresse waschen und klein schneiden und über die Zwiebeln und Gurken streuen. Die restlichen 8 Brotscheiben wieder mit Remoulade bestreichen und darauflegen. Sandwich in Butterbrotpapier wickeln. Variante: Die Kresse kann man durch Feldsalat ersetzen.

Zubereitungszeit: 20 Min.
Transport: rechteckige Box mit verschließbarem Deckel

Rüblikuchen

Zutaten für eine Kastenform
5 Eier
100 g frisch gemahlenes Mehl
150 g Zucker oder Agavendicksaft
300 g Karotten
2 TL Backpulver
250 g Nüsse
Butter für die Form
Paniermehl für die Form

Den Ofen auf 170 °C vorheizen.
Die Eier trennen und das Eiweiß steif schlagen. Die Nüsse klein hacken, die Karotten fein reiben. Mehl und Backpulver mischen, mit Zucker oder Agavendicksaft und den Eigelben verrühren, nach und nach Nüsse und Karotten dazugeben, das Eiweiß unterziehen. Eine Kastenform einfetten und mit Paniermehl bestreuen, den Teig hineingeben und ca. 45 Min. lang backen.

Zubereitungszeit: 25 Min., 45 Min. backen
Transport: in der Kastenform

Gemüsesticks mit Pfirsich-Dip

Zutaten für 6 Portionen
Für die Gemüsesticks:
2 Paprika
4 Karotten
1 Salatgurke
1 Kohlrabi
4 Stangen Staudensellerie
1 kleiner weißer Rettich

Für den Dip:
600 g Pfirsiche
2 EL Senf
3 EL Zitronensaft
50 g gehackte Mandeln
Salz, Pfeffer, Chili

Das Gemüse waschen und in ca. 10 cm lange Stifte schneiden.
Für den Dip die Pfirsiche waschen, entkernen und in einem hohen Gefäß pürieren, die gehackten Mandeln unterrühren und mit Senf, Zitronensaft, Salz, Pfeffer und Chili abschmecken.

Zubereitungszeit: 20 Min.
Transport: Den Dip in 4 kleine verschließbare Gläser füllen, die Sticks in einer Box transportieren. Beim Picknick auch die Sticks auf einzelne Gläser verteilen und jedem Gast eines in die Hand drücken.

Apfel-Sellerie-Limonade

Zutaten für 1 Liter Limonade
3 Äpfel
8 Stangen Staudensellerie
½ Liter Zitronenlimonade
¼ Liter Wasser, kohlensäurehaltig
Eiswürfel
8 EL Zucker

Den Sellerie waschen und in feine Scheiben schneiden. Die Äpfel ebenfalls waschen, entkernen und vierteln. Danach in Scheiben schneiden. Die Zutaten nun in ein hohes Gefäß geben, den Zucker dazugeben und das Ganze 10 Min. ansetzen. Dann mit Zitronenlimonade und Wasser aufgießen. Beim Picknick vor dem Servieren in jedes Glas Eiswürfel geben und die Limonade eingießen.

Zubereitungszeit: 10 Min., 10 Min. ansetzen
Transport: Flasche mit breiter verschließbarer Öffnung

„Rapunzel wünsch ich mir…“

PICKNICK
VEGETARISCH

Fleischlos glücklich
werden unter freiem Himmel nicht nur Vegetarier. In der gesunden Küche aus leichten und herzhaften Rezepten ist auch für den eingefleischtesten Burgerfan etwas dabei. Der Mango-Reis-Salat ist eine frische Alternative zum Nudelsalat. Der Salat mit Löwenzahn und Gänseblümchen überrascht mit einer würzigen Note.
Wer gerne Süßes picknickt, kommt an Apfeltarte, Torta al Limona und dem karamellisierten Milchreis nicht vorbei.

Nicht vergessen:

Das Gewürzkarussell mit den Lieblingsgewürzen!

Zucchinibällchen mit Apfel-Trauben-Quark

Zutaten für ca. 35 Bällchen
200 g Grünkernschrot
1 TL Salz
30 g Dinkelvollkornmehl
1 EL Semmelbrösel
4 EL Mehl
2 Eier
2 kleine Zucchini
2 Stängel Estragon
2 Stängel Majoran
6 EL Öl (Olive oder Sonnenblume)

Für den Quark:
300 g grüne Trauben
3 mittelgroße Äpfel
1 Becher Quark (250 g, Rahmstufe)

400 ml Wasser und Salz im Kochtopf zum Kochen bringen. Grünkernschrot dazugeben, stetig umrühren und kurz aufkochen lassen. Bei geringer Hitze ausquellen lassen bis kein Wasser mehr im Topf ist. Estragon und Majoran fein hacken und dazugeben, kräftig durchmischen und vom Herd nehmen, etwas abkühlen lassen. Zucchini waschen und in dünne Stifte hobeln. Zucchinistifte, Semmelbrösel, Eier und Mehl zum Grünkern dazugeben und kräftig mit den Händen durchmischen. Zu einer Kugel formen und etwa 10 Min. ruhen lassen. Quark in eine mittelgroße Schüssel geben. Trauben und Äpfel waschen, die Äpfel in dünne Stifte hobeln. Die Hälfte der Apfelhobel zum Quark dazugeben. Die andere Hälfte in einem kleinen Topf mit 3 EL Wasser 5 Min. dämpfen, ebenfalls zum Quark geben und unterheben. Weintrauben halbieren und unter den Quark heben.
Aus der Zucchini-Grünkern-Kugel mit nassen Händen kleine Bällchen formen (max. 3 cm Durchmesser) und in einer Pfanne in Pflanzenöl von allen Seiten gleichmäßig und kräftig anbraten. Die fertigen Zucchinibällchen mit 2 EL Zucker bestreuen und abkühlen lassen. Beim Picknick in den Quark tunken und gemeinsam genießen.

Zubereitungszeit: 1 Stunde
Transport: Salatschüssel mit verschließbarem Deckel für die Bällchen, 2 mittelgroße Weckgläser für den Quark

Olivendip

200g Saure Sahne * 100g Frischkäse
50g Pecorino * 50g grüne Oliven, (entsteint) * Saft einer halben Zitrone * Pfeffer

Sahne, Frischkäse und Oliven pürieren, Pecorino fein reiben, untermischen und mit Zitronensaft und Pfeffer abschmecken. In 4 kleine Schraubgläser füllen.

Mango-Reis-Salat

Zutaten
2 kleine Zwiebeln
2 Zehen Knoblauch
1 rote Chili
250 g Langkornreis
100 ml Weißwein
½ l Gemüsebrühe
1 rote Paprika
1 kleine Mango
1 Bund Petersilie
1 Becher Sauerrahm
10 Datteln
100 ml frisch gepresster Orangensaft
3 EL Olivenöl
Salz
Pfeffer

Zwiebeln und Knoblauch in kleine Würfel schneiden, die Chilischote entkernen und in ganz kleine Stücke schneiden. Das Öl in einem Topf erhitzen. Zwiebeln, Knoblauch und Chili darin andünsten, den Reis dazugeben und 2 Min. unter ständigem Rühren mitdünsten. Nun mit Weißwein ablöschen und mit der Gemüsebrühe aufgießen. Der Reis wird nun ca. 15 Min. bei niedriger Hitze geköchelt, bis die Flüssigkeit aufgesogen ist. Falls die Flüssigkeit nicht ausreicht, noch ein wenig hinzugeben. Der Reis sollte bissfest sein.
Nun Paprika und Mango in Würfel schneiden. Die Datteln in feine Ringe schneiden und in etwas Orangensaft einweichen. Beides beiseite stellen. Petersilie hacken und mit dem Sauerrahm mischen. Die Datteln hinzugeben und alles miteinander verrühren. Nun den ausgedampften Reis, die Paprika- und die Mangowürfel in eine Salatschüssel geben, mit dem Sauerrahm übergießen, mit Salz und Pfeffer abschmecken.

Zubereitungszeit: 30 Min.
Transport: Salatschüssel mit verschließbarem Deckel

Apfeltarte mit Nüssen

Zutaten für 1 Tarte
30 g Butter
80 ml Ahornsirup
2-3 Äpfel
50 g Pinienkerne, 50 g Paranüsse
1 Rolle Blätterteig

Den BackOfen auf 180 °C vorheizen. Die Äpfel gut waschen, das Kerngehäuse ausstechen und die Äpfel in Scheiben schneiden. In einer feuerfesten Pfanne die Butter schmelzen und den Ahornsirup hineinrühren, die Nüsse hineingeben und die Äpfel kreisförmig einschichten, 5 Min. lang braten, bis die Apfelscheiben leicht weich sind. Die Pfanne vom Herd nehmen. Den Blätterteig ausrollen und leicht auseinanderziehen, sodass zwei Kreise in der Größe des Pfannendurchmessers ausgeschnitten werden können. Die zwei Blätterteigkreise übereinander auf die Äpfel legen und die Pfanne für 30-35 Min. in den Ofen schieben, bis der Blätterteig schön aufgegangen ist. Die Pfanne herausnehmen und 2 Min. abkühlen lassen. Achtung, der Griff der Pfanne ist heiß geworden! Die Tarte auf einen Teller stürzen. Sie muss beim Picknick nicht gekühlt werden, sondern schmeckt bei jeder Umgebungstemperatur hervorragend.

Zubereitungszeit: 15 Min., 35 Min. backen
Transport: am besten in einer Papiertüte, seitlich eingeschlagen

Torta al Limona

Zutaten für 1 Tarteform

Für den Teig:
150 g Mehl
150 g Speisestärke
100 g Zucker
150 g Butter
3 Eigelb
abgeriebene Schale von einer Zitrone

Für die Füllung:
4 Eier
150 g Zucker
3 Zitronen (Saft und Schale)
100 g Butter
1 Handvoll Mandeln
Butter für die Form
Paniermehl für die Form

Mehl und Speisestärke in eine Rührschüssel sieben. Den Zucker und die handwarme Butter dazugeben und mit den Händen zu einem glatten Teig verkneten. Zuletzt mischt man Eigelbe und Zitronenschale darunter. Den fertigen Teig zu einer Kugel formen und in Frischhaltefolie gewickelt 30 Min. in den Kühlschrank stellen.
Für die Füllung werden Eier und der Zucker schaumig geschlagen. Dann die abgeriebene Zitronenschale dazugeben. In einem kleinen Topf die Butter zerlassen, vom Herd nehmen und mit dem Saft der drei Zitronen ablöschen. Die Butter-Zitrone unter kräftigem Schlagen zur Schaummasse geben. Den Backofen auf 180° C vorheizen.
Die Tarteform einfetten, bemehlen und mit dem Teig auslegen. Die Ränder mit einer Gabel andrücken. Anschließend die Eier-Zitronen-Masse auf den Teig geben und die Mandeln vorsichtig darauf verteilen.
Die Tarte im vorgeheizten Backofen bei 180 °C ca. 50 Min. backen. Sie sollte vor dem Transport mindestens 1 Stunde abgekühlt sein.

Zubereitungszeit: 20 Min., 30 Min. gehen, 50 Min. backen, 1 Stunde abkühlen
Transport: in der Tarteform

Löwenzahnsalat mit Gänseblümchen

Zutaten für 8 Portionen
4 Hände voll Löwenzahn, frisch gepflückt
1 Handvoll Gänseblümchen
1 Handvoll Erdbeeren
1 TL Senf
Essig
Olivenöl
Salz
Pfeffer

Löwenzahn waschen und trocken schleudern. Gänseblümchen vorsichtig waschen und auf Küchenpapier abtropfen lassen. Erdbeeren waschen und vierteln.
Nun die Vinaigrette anrühren: Dazu das Salz im Essig unter Rühren auflösen und den Senf dazugeben. Unter ständigem Rühren das Olivenöl dazugeben, bis die Soße eine geschmeidige Konsistenz hat. Mit Pfeffer abschmecken. Die Soße erst beim Picknick über die gemischten Salatzutaten geben.

Zubereitungszeit: 15 Min.
Transport: Salatschüssel mit verschließbarem Deckel

Karamellisierter Milchreis

◆ **Lieblingsrezept! Unbedingt ausprobieren**

Zutaten für 8 Portionen
200 g Milchreis
1 Liter Milch
1 Prise Salz
30 g Zucker
Abrieb von einer ½ Zitrone
½ Vanilleschote
½ Zimtstange
2 TL Butter
3 EL Rohrzucker

Die Milch mit Salz und Zucker in einen Topf geben. Das Mark der Vanilleschote auskratzen und mit der Zimtstange und der Zitronenschale in die Milch geben, alles langsam erhitzen. Beim ersten Aufwallen den gewaschenen und abgetropften Milchreis hineingeben und alles bei geringer Hitze ca. 10 Min. köcheln lassen, ständig umrühren. Weitere 20 Min. lang bei ganz geringer Hitze ausquellen lassen, bis der Milchreis nahezu die ganze Milch aufgesaugt hat. Vom Herd nehmen und die Butter gleichmäßig unterrühren, auskühlen lassen.
Milchreis auf Weckgläser verteilen und mit dem Zucker bestreuen.
Den Backofen auf Grillfunktion stellen und den Milchreis unter dem Grill 5-7 Min. lang karamellisieren, bis der Zucker eine schöne Bräune erreicht hat.
Tipp: Den Milchreis kann man auch gut mit dem Bunsenbrenner karamellisieren.

Zubereitungszeit: 45 Min.
Transport: in 8 Weckgläsern mit Deckel

Grüner EisTee

Zutaten
1 Liter Grüner Tee, z.B. Morgentau
2 Orangen
Eiswürfel

Den grünen Tee ca. 4 Min. lang ziehen und dann kalt werden lassen. Die Orangen auspressen und den Saft zum Tee geben, gut miteinander verrühren. Beim Picknick die Eiswürfel zugeben.

Zubereitungszeit: 5 Min.
Transport: Thermoskanne

„Was? Schon fertig?“

PICKNICK FÜR FAULE

Ein schönes Picknick muss keine Mühe machen: der Paprika-Walnusssalat, das Radi-Schnittlauch-Brot und der Espressoflip sind in weniger als 20 Min. zubereitet und schon kann man sich wieder ganz dem Dolcefarniente hingeben. Was gibt es schöneres, als an einem warmen Sommertag in der Hängematte oder auf der Picknickdecke zu dösen und hin und wieder einen kleinen Happen zu essen?

Nicht vergessen:

- die Entdeckung der Langsamkeit
- das Nickerchen nach dem Essen
- den Abwasch erst morgen machen

Paprikasalat mit Weintrauben

Zutaten
3 Paprikaschoten, gelb, orange, rot
1 Zwiebel
1 Knoblauchzehe
300 g Weintrauben, kernlos
150 g Mozzarella
½ Bund Petersilie
4 EL Olivenöl
1 Zitrone
Salz
Pfeffer
Zucker

Die Paprikaschoten waschen, das Gehäuse entfernen, jede Paprika vierteln und in feine Streifen schneiden. Die Zwiebel schälen und ebenfalls in feine Streifen schneiden. Den Knoblauch abziehen und ganz fein hacken. Alles in eine Salatschüssel geben.
Die Weintrauben waschen und halbieren, zusammen mit dem gewürfelten Mozzarella zum Salat geben. Die Petersilie hacken und daruntermischen. Aus Olivenöl, Zitronensaft, Zucker, Salz und Pfeffer eine glatte Soße rühren, über den Salat geben und gut vermengen. Der Salat hat auf dem Weg zum Picknick genügend Zeit, um durchzuziehen.

Zubereitungszeit: 15 Min.
Transport: Salatschüssel mit verschließbarem Deckel

Lardo im Auberginenmantel

Zutaten für ca. 35 Stück
1 große oder zwei kleine Auberginen
150 ml Olivenöl
2 Zehen Knoblauch
200 g Lardo (italienischer Speck)
Salz
Pfeffer

Den Backofen auf 180 °C vorheizen. Auberginen waschen und in ca. 0,5 cm dicke Scheiben schneiden. Nebeneinander auf ein Backblech legen und mit dem kleingehackten Knoblauch bestreuen, salzen und pfeffern. Das Olivenöl gleichmäßig über die Auberginen träufeln und ca. 12 Min. in den Backofen schieben. Die Auberginen anschließend kurz abkühlen lassen.
Den Lardo in Stifte schneiden und je ein Lardostück mit einer Auberginenscheibe umwickeln, andrücken. Auf einem Teller anrichten und in der Hängematte genießen. Dazu passt frisches Weißbrot und ein kräftiges Glas Rotwein.

Zubereitungszeit: 25 Min.
Transport: rechteckige Box mit verschließbarem Deckel

Erdbeeren mit Schlagsahne

Zutaten
500 g Erdbeeren
1 Becher Schlagsahne
1 Vanilleschote

Die Erdbeeren waschen, abtropfen und evtl. schlechte Stellen wegschneiden. In eine Schüssel geben. Die Schlagsahne in eine mit kaltem Wasser ausgespülte hohe Rührschüssel geben und mit dem Mixer auf höchster Stufe steif schlagen. Die Vanilleschote mit einem Messer aufschlitzen, das Vanillemark auskratzen und unter die Sahne rühren. Die Schlagsahne über die Erdbeeren geben.
Tipp: Wer es noch ein bisschen süßer mag, gibt einen Esslöffel braunen Zucker über die Erdbeeren. Der knackt so schön beim Essen...

Zubereitungszeit: 10 Min.
Transport: Erdbeeren in der Salatschüssel, Sahne in einer kleinen Schüssel mit Deckel, eiskalt ausgespült

Espressoflip

Zutaten für 6 Portionen
200 g Sahne
1 Vanilleschote
600 g Vollmilchjoghurt
1 EL Kirschmarmelade
1 Messerspitze gemahlener Zimt
1 Tasse kalter Espresso
2 TL Espressopulver
50 g Zucker

Die Vanillestange längs aufschlitzen und das Vanillemark mit einem stumpfen Messer auskratzen. Die Sahne mit dem Vanillemark in ein hohes Gefäß geben und mit einem Mixer steif schlagen. Joghurt, Kirschmarmelade, Zimt, Espresso, Espressopulver und Zucker gut verrühren, die geschlagene Sahne unterheben. Die Creme in kleine Weckgläser füllen.
Mindestens 1 Stunde lang kühl stellen. Vor dem Picknick jedes Glas mit Kakaopulver bestreuen, zum Transport gut verschließen.

Zubereitungszeit: 12 Min., 1 Stunde kühlen
Transport: in 6 Weckgläsern mit Deckel

Pastasalat

Zutaten:
300 g Orecchiette
50 g getrocknete Tomaten
15 kleine Kirschtomaten
50 g Pinienkerne
20 schwarze Oliven, ohne Stein
1 Zehe Knoblauch
6 EL Olivenöl
2 EL Aceto balsamico
1 Bund Rucola
Salz
Pfeffer
(50 g Parmesan)

Die Orecchiette in gesalzenem Wasser al dente kochen, abgießen und sofort kalt abschrecken, gut abtropfen lassen.

Die getrockneten Tomaten in feine Streifen schneiden, die Kirschtomaten vierteln. Die Pinienkerne in einem kleinen Topf 5 Min. bei mittlerer Hitze rösten. Die Oliven in feine Scheiben schneiden, die Knoblauchzehe abziehen und ganz fein hacken. Alle Zutaten in eine Salatschüssel geben und miteinander vermengen. Aus Olivenöl, Essig, Salz und Pfeffer eine Soße rühren und über den Salat geben, gut durchziehen lassen.
Erst beim Picknick den Rucola unter den Salat heben, sonst wird er matschig.
Tipp: Wer möchte, kann über den Salat noch etwas gehobelten Parmesan geben.

Zubereitungszeit: 25 Min.
Transport: Salatschüssel mit verschließbarem Deckel, Rucola separat in einer kleinen Box mit Deckel

Schneller Hähnchensalat

Zutaten:
½ Grillhendl, fertig gekauft
100 g Reisnudeln
½ Gurke
2 kleine Tomaten
1 Bund Koriander
½ Bund Thai Basilikum
100 g Cashewnüsse
6 EL süße Chilisoße
2 EL Sojasoße
2 EL Olivenöl
1 Spritzer Zitronensaft
Salz

Das Grillhendl mit den Fingern auslösen, die kleinen Hähnchenstücke in eine Salatschüssel geben. Die Reisnudeln 3 Min kochen, kalt abschrecken, gut abtropfen lassen. Die Gurke zu Stiften, die Tomaten in Spalten schneiden. Koriander und Basilikum grob hacken, alle Zutaten miteinander vermischen. Die Cashewnüsse in einem kleinen Topf 5 Min. anrösten und zum Salat geben. Aus Chilisoße, Sojasoße, Olivenöl, Zitrone und Salz eine Salatsoße rühren und über den Salat geben.

Zubereitungszeit: 20 Minuten
Transport: Salatschüssel mit verschließbarem Deckel

Prost Mahlzeit!

PICKNICK
IM BIERGARTEN

Das sanfte Rauschen
der Kastanienblätter in einer
warmen Brise, Gläserklirren,
knirschende Schritte auf dem
Kiesboden, Kinderlachen und
Gemurmel… das sommerliche
Wogen und Brausen im Biergarten
ist pure Lebensfreude.
Dazu: einen Wurstsalat, selbst
angerührten Obazdn,
einen Radi-Schnittlauch-Dip
und natürlich
eine frische Maß Bier.

Nicht vergessen:

• eine Jacke (Ausflüge in den Biergarten dauern gern länger als geplant) • Streichhölzer zum Kastanienmännchen bauen für die Kinder

Schnitzelsalat

Zutaten
2 kalte panierte Schnitzel
2 dunkle Scheiben Gewürzbrot
2 EL Apfelessig
5 EL Olivenöl
2 EL Sesam
½ Zitrone
Salz
Pfeffer

Schnitzel und Brot in feine Rippen schneiden, in eine Salatschüssel geben, den Sesam darüberstreuen. Aus Olivenöl und Apfelessig eine sämige Salatsauce rühren, mit Salz, Pfeffer und einem Spritzer Zitrone abschmecken.

Zubereitungszeit: 10 Min.
Transport: Salatschüssel mit verschließbarem Deckel

Weißwurstsalat

Zutaten
6 Weißwürste
2 Brezen
1 Bund Radieschen
2 Essiggurken
1 Zwiebel
½ Bund Schnittlauch

Für das Dressing:
2 EL süßer Senf
3 EL Essig
3 EL Olivenöl
30 ml Wasser
Salz, Pfeffer, kleine Prise Zucker

Die Weißwürste in siedendes Wasser geben und etwa 15 Min. ziehen lassen. Herausnehmen und abkühlen lassen. Dann die Haut abziehen und die Weißwürste in Scheiben schneiden. Radieschen, Essiggurken, Zwiebel und Brezen in feine Scheiben schneiden. Alle Zutaten in eine Salatschüssel geben. Aus Olivenöl, Essig, Senf und Wasser eine Soße rühren, mit Salz, Pfeffer und Zucker abschmecken. Den in Röllchen geschnittenen Schnittlauch über den Salat streuen.

Zubereitungszeit: 40 Min.
Transport: Salatschüssel mit verschließbarem Deckel

Mediterrane Thunfischcrème

Zutaten für 4 Personen
400 g Thunfischfilet (aus dem Glas)
12 Kapern
4 Cornichons (oder Gewürzgurken)
2 EL Butter
4 EL Mayonnaise

Thunfischfilets abgießen und in einen Mixer geben. Mayonnaise, Butter, Kapern und die Cornichons hinzugeben, alles gut durchmixen und fertig.
Tipp: Wer die Crème pikanter mag, kann ruhig noch etwas mehr Kapern hinzugeben.

Zubereitungszeit: 5 Min.
Transport: in vier kleinen Gläsern mit Deckel

Obazda

Zutaten für 8 Portionen
1 kg würziger Brie mit weicher Haut
200 g Frischkäse
1 Schuss Weißbier
2 EL Butter
2 EL Joghurt
Paprika, scharf
Kümmel
2 Zwiebeln
1 Bund Schnittlauch
Salz
Pfeffer

Den Brie eine Stunde vorher aus dem Kühlschrank nehmen und in eine flache Schüssel geben. Mit einer Gabel den Brie fein zerdrücken und den Frischkäse dazugeben. Die Butter in Flöckchen untermischen, Joghurt und Bier dazu. Mit Salz, Pfeffer, ordentlich Paprika und Kümmel würzen, noch einmal kräftig vermischen.
Vor dem Servieren die Zwiebeln in ganz feine Ringe schneiden und zusammen mit den kleingehackten Schnittlauchröllchen über den Obazdn geben.
Mit frischen Brezn schmeckt der Obazde am besten.

Zubereitungszeit: 20 Min.
Transport: Salatschüssel mit verschließbarem Deckel. Schnittlauch und Zwiebeln separat verpacken!
Im Biergarten nimmt man am besten ein großes Holzbrett und serviert den Obazdn mit einem Eiskugelstecher.

Räucherforelle mit Apfelkren

Zutaten für 4 Portionen
4 geräucherte Forellenfilets
1 großer Apfel
½ Zitrone
3 Gewürznelken
4 EL frischer Meerrettich oder Meerettich aus dem Glas
3 EL Weißwein
Salz
Zucker

Den Apfel schälen und in kleine Würfel schneiden. In einen kleinen Topf geben und mit Salz, Zitronensaft, Zucker und Gewürznelken aufkochen und 10 Min. dünsten. Dann einen Schuss Weißwein hinzugeben und weitere 3 Min. dünsten. Vom Herd nehmen und den geraspelten Meerrettich unterziehen, abkühlen lassen.

Zubereitungszeit: 25 Min.
Transport: Die Räucherforelle in Alufolie gewickelt, der Apfelkren in vier kleine Gläser aufgeteilt

Apfelkrapfen

Zutaten für ca. 25 Stück
Für den Teig:
500 g Weizenmehl
2 Eier
1/8 Liter Wasser
Salz

Für den Belag:
12 mittelgroße Äpfel
½ Becher Sahne
100 g Rosinen
3 EL Rum
½ Zitrone
50 g Zucker

Das Mehl auf eine saubere Arbeitsplatte häufen, in die Mitte eine Mulde drücken, Eier aufschlagen und mit dem Salz in die Mulde geben. Nach und nach vorsichtig Wasser hinzufügen und mit den Händen mindestens 5 Min. lang einen geschmeidigen Teig kneten. Zu einer Kugel formen und beiseite stellen.

Die Äpfel schälen, vierteln und kleinschneiden, etwas mit Zitrone beträufeln. Die Rosinen in etwas Rum legen und 10 Min. durchziehen. Äpfel und Rosinen vermischen und mit Zimt, Zucker und einem 1/2 Becher Sahne verfeinern. Den Teig in drei gleich große Stücke schneiden. Das erste Teigstück auf einer bemehlten Arbeitsfläche mit einem Nudelholz dünn ausrollen. 1/3 der Äpfel darauf verteilen, am Rand je 2 cm frei lassen. Den Teigfladen vorsichtig zusammenrollen und in ca. 6 cm große Stücke schneiden. Die beiden anderen Teigstücke genauso weiterverarbeiten. Die Krapfen stehend in einer Pfanne beidseitig mit heißem Butterschmalz braten, bis sie eine schöne Bräune angenommen haben.
Frische Vanillesauce passt sehr gut zu den Apfelkrapfen. Oder einfach ein guter Kaffee nach dem letzten Bier.

Zubereitungszeit: 1,5 Std.
Transport: rechteckige Box mit verschließbarem Deckel

Edelweiß aufs Brot

BERGSTEIGERPICKNICK

Raffiniert verfeinerte Klassiker wie das Griebenschmalzbrot oder die Gulaschsuppe in der Thermoskanne, sind der verdiente Lohn am Gipfelkreuz. Damit danach wieder genügend Kraft in den Beinen steckt, gibt es selbstgemachte Energieriegel und einen herrlich belebenden Kräutertee.

Nicht vergessen:

• Geld für die Seilbahn • Stift zum Eintragen ins Gipfelbuch • Ein gutes Messer, am besten ein Opinel zum Schnitzen und natürlich zum Essen • Der Grassl-Enzian im Flachmann erleichtert das Jodeln

Radi-Schnittlauch-Brot

Zutaten für 6 Brote
6 Scheiben dunkles Bauernbrot,
max. 1 cm stark
Butter
2 Bund Radieschen
1 Bund Schnittlauch
Meersalz, grob

Brotscheiben nebeneinander legen und alle dick mit Butter bestreichen. Radieschen waschen, putzen und in gleichmäßige Scheiben schneiden. Den Schnittlauch in feine Röllchen schneiden. Nun beginnt die Legearbeit (hier darf man sich ruhig Zeit lassen und Mühe geben, es soll ja später schön ausschauen): Das Brot dicht mit den Radieschenscheiben belegen, die Radieschen überlappen sich wie Dachziegel.
Etwas Salz über die Radieschen geben und die Brote großzügig mit Schnittlauch bestreuen.

Zubereitungszeit: 15 Min.
Transport: Damit die Brote beim Picknick immer noch appetitlich aussehen, deckt man jedes Brot mit Butterbrotpapier ab und stapelt die Brote übereinander. Den Brotstapel packt man fest in Klarsichtfolie. Um das Brotpaket schlägt man dann ein Geschirrtuch, so übersteht es den Transport schadlos.

Salamibrot - Der Klassiker

Zutaten für 8 Brote
8 Scheiben dunkles Bauernbrot
35 g gesalzene Butter
150 g Salami am Stück
4 Essiggurken

4 Scheiben Bauernbrot nebeneinander auf ein Holzbrett legen, kräftig mit Butter bestreichen. Die Salami in dicke Scheiben schneiden und damit die Brote belegen. Die Essiggurke längs in feine Scheiben schneiden und quer über die Salami legen. Die restlichen Brotscheiben als Deckel verwenden, alles kräftig zusammendrücken und die Brote halbieren.
Tipp: Salamibrot ist nicht gleich Salamibrot. Wichtig sind hochwertige Zutaten, das fängt beim Brot an und hört bei der Essiggurke auf. Bei der Wahl der Salami empfehle ich über Buchenholz gereifte italienische Fenchelsalami.
Tipp2: Löwenzahn, junge Schafgarbe, Spitzwegerich und Bergthymian: Beim Aufstieg selbstgepflückte Wildkräuter eignen sich bestens zur Verfeinerung.

Zubereitungszeit: 10 Min.
Transport: klassisch in Butterbrotpapier

Gulaschsuppe

Zutaten für 6-8 Portionen
700 g Rindfleisch
400 g Zwiebeln
1 Knoblauchzehe
2 EL Öl
2 EL Tomatenmark
750 ml Gemüsebrühe
2 gelbe Paprikaschoten
400 g Kartoffeln
½ Zucchino
1 EL Paprikapulver, edelsüß
frischer Pfeffer aus der Mühle
2 Lorbeerblätter
½ Zitrone
1 Stängel Majoran
½ TL Kümmel
½ Bund Schnittlauch
Salz

Das Rindfleisch in kleine Würfel (max. 1 cm Länge) schneiden. Zwiebeln schälen und fein würfeln, Knoblauch abziehen und fein hacken. In einem großen Topf Öl erhitzen und das Fleisch ringsherum gut anbraten. Zwiebelwürfel und Knoblauch dazugeben und 5 Min. mitdünsten, dann das Tomatenmark einrühren und 2 Min. lang anrösten. Mit Brühe aufgießen und bei milder Hitze eine gute Stunde lang köcheln, bis das Fleisch weich ist. Paprikaschoten waschen, das Gehäuse entfernen und die Schoten in kleine Würfel schneiden. Kartoffeln waschen, schälen und ebenfalls klein würfeln. Zucchino waschen und würfeln. Die Gemüsewürfel nach 40 Min. zum Gulasch geben und mitköcheln. Lorbeerblätter, Majoran, Kümmel, Paprika, Salz und Pfeffer unterrühren. Wenn die Gulaschsuppe fertig ist, mit Zitronenschale, Salz und Pfeffer abschmecken.

Zubereitungszeit: 40 Min., 1,5 Stunden köcheln
Transport: Die heiße Gulaschsuppe in eine Thermoskanne füllen. Den Schnittlauch klein hacken und in eine kleine Plastikbox mit Deckel füllen. Auf dem Gipfel die Gulaschsuppe in Becher verteilen und mit Schnittlauch bestreuen.

Griebenschmalzbrot

Zutaten
1 kg Schweinefett
2 Zwiebeln
1 großer Apfel
2 Knoblauchzehen
1 kleines Stück Ingwer
1 Zweig Rosmarin
1/4 Laib Bauernbrot
Salz
Pfeffer

Das Schweinefett in kleine Würfel (max. 1x1 cm) schneiden. Diese in eine große Pfanne geben und bei mittlerer Hitze und geschlossenem Deckel auslassen, ab und zu wenden. Nach ca. 20 Min. die Hitze reduzieren, den Rosmarin dazugeben. Die Grieben sind fertig, wenn sie eine krosse Bräune erreicht haben. Das kann gut eine halbe Stunde dauern. Nun die Grieben abgießen und das Fett in einem Topf auffangen, kalt werden lassen. Rosmarin entfernen.

Die Zwiebeln und den Apfel fein würfeln, Knoblauch und Ingwer fein reiben. Mit 2 EL des erkalteten Fetts in einer Pfanne glasig dünsten (wer es ein bisschen kräftiger mag: leicht bräunen) und zusammen mit den Grieben in das Schmalz geben. Alles gut miteinander verrühren, mit Salz und Pfeffer abschmecken.
Sobald das Griebenschmalz fest zu werden beginnt, noch einmal umrühren, damit sich die Grieben nicht absetzen.
In Weckgläser füllen und diese gut verschließen.
Auf dem Gipfel das Bauernbrot in dicke Scheiben schneiden und mit einer ordentlichen Portion Griebenschmalz bestreichen.
Tipp: Das Schweinefett gleich vom Metzger würfeln lassen. Das spart jede Menge Zeit.

Zubereitungszeit Griebenschmalz:
1 Stunde, 30 Min. abkühlen
Transport: Stoffserviette fürs Brot, Weckglas mit Deckel für das Griebenschmalz

Zünftige Bergbrotzeit

Zutaten für 4 Personen
1 Paket Schüttelbrot
250 g Speck am Stück
150 g Bergblumenkäse
150 g Camembert
20 Walnüsse
10 getrocknete Feigen

Walnüsse und Feigen in eine kleine Plastikbox mit Deckel packen. Schüttelbrot, Speck und Käse eingepackt lassen und in ein großes Geschirrtuch legen, umschlagen und mit Paketschnur ein Päckchen packen.
Auf dem Berg mit einem Messer dicke Scheiben Speck und Käse schneiden, die Nüsse knacken und mit Feigen und Schüttelbrot essen.
Tipp: Ein gutes Brotzeitmesser mit scharfer Klinge macht die Bergbrotzeit zum echten Genuss.
Kaminwurzen sind eine gute Alternative zum Speck und ein echter Südtiroler packt die Brotzeit einfach in die Jackentasche.

Zubereitungszeit: 10 Min.
Transport: siehe Rezept

Selbstgemachte Energieriegel

Zutaten für 1 Backblech
50 g Mandeln, gehackt
100 g Erdnüsse, halbiert
50 g Haselnüsse, halbiert
100 g Haferflocken
100 g Kölln Haferfleks
50 g Cranberries
½ Apfel
150 g Honig
30 g Butter

Den Backofen auf 180 °C vorheizen, ein Backblech bereitstellen und mit Backpapier auslegen.
Nüsse, Mandeln, Haferflocken und Haferfleks vermischen, die Cranberries unterheben. Den Apfel raspeln und ebenfalls unter die Mischung geben.

In einem Topf die Butter schmelzen und den Honig dazugeben. Bei mittlerer Hitze unter ständigem Rühren karamellisieren. Sobald die Honigbutter eine bräunliche Farbe annimmt, die Nussmischung dazugeben und alles kräftig miteinander verrühren.
Die Mischung sofort auf dem Backpapier gleichmäßig verteilen und zu einer ca. 1 cm dicken Platte formen. Im Backofen ca. 10 Min. backen. Direkt nach dem Backen noch warm in Riegel schneiden und kalt werden lassen.
Die Riegel sollten z.B. in einer Box gut verschlossen werden, damit sie nicht weich werden. Sie halten mehrere Wochen.

Zubereitungszeit: 20 Min., 10 Min. backen und 30 Min. auskühlen
Transport: rechteckige Box mit verschließbarem Deckel

Linseneintopf

Zutaten für 6 Portionen
350 g Tellerlinsen
100 g Speckwürfel
3 Paar Wiener
50 g Butter
1 kleine Zwiebel
1 Zehe Knoblauch
1 Karotte
1 kleines Stück Sellerie (50g)
½ Stange Lauch
1 Kartoffel
1,5 Liter Gemüsebrühe
1 Lorbeerblatt
1 EL Stärke
1 TL Zucker
1 Stängel Rosmarin
4 EL Tomatenmark
Salz
Pfeffer
1 Schuss Balsamicoessig
1 Bund frische Petersilie

Die Speckwürfel in einen großen Topf geben und bei mittlerer Hitze auslassen, Butter hinzufügen. Zwiebel und Knoblauch kleinhacken, dazugeben und anschwitzen. Karotte, Sellerie und Lauch in feine Würfel schneiden und dazugeben und 3 Min. dünsten, die Linsen hinzufügen und alles unter Rühren 2 Min. angaren. Tomatenmark und Zucker dazugeben. Mit der Gemüsebrühe ablöschen, Lorbeerblatt und Rosmarin hineingeben und alles 20 Min. lang leicht köcheln lassen, dann die gewürfelte Kartoffel dazugeben. Nochmal 15 Min. köcheln lassen, bis die Linsen gar, aber noch bissfest sind. Mit der Stärke abbinden. Die Wiener in Scheiben schneiden und zum Linseneintopf geben, 10 Min. bei niedriger Temperatur durchziehen lassen. Mit Salz, Pfeffer, Essig und Zucker abschmecken.

Zubereitungszeit: 1 Stunde, vorher die Linsen 2-3 Stunden einweichen
Transport: Den heißen Linseneintopf in eine Thermoskanne füllen. Die Petersilie klein hacken und in eine kleine Plastikbox mit Deckel füllen. Auf dem Berg den Linseneintopf in Bechern verteilen und mit der Petersilie bestreuen.

Kräutertee mit Zitrone

Zutaten für 1,5 Liter
1 Bund frische Kräuter (Holunderblüten, Pfefferminze, Melisse und Lavendelblüten) oder 3 Teebeutel Kräutertee
1 Zitrone
1 EL Honig

Die frischen Kräuter mit 1,5 Liter kochendem Wasser übergießen, 10 Min. ziehen lassen. Die Zitrone auspressen und den Saft dazugeben, mit 1 EL Honig gut in den Tee einrühren. In eine Thermoskanne füllen.
Variante: Bei Kräutern gilt: Erlaubt ist, was gefällt. Also einfach Lieblingskräuter auswählen und ausprobieren. Eine wohlschmeckende Teevariante entsteht auch bei einem Aufguss mit Ingwer, Süßholzwurzel, Pfefferminz, Hibiskus und Zitronenschalen.

Zubereitungszeit: 5 Min., 10 Min. ziehen

◆ Der hartgesottene Wanderer hat natürlich den Flachmann mit Grassl-Enzian dabei

„Hmmm,
die Waffeln sind
ja noch warm!“

PICKNICK IM BETT

Sonntags im Bett
gaaaaanz lange Zeitung lesen
und dabei Apfelküchlein,
French Toast, Waffeln und
Honigjoghurt mit Knuspermüsli
schlemmen … besser geht's nicht.
Das Fünf-Minuten-Ei
mit Botschaft ist eine
wunderbare Liebeserklärung
an den oder die Liebste.

Nicht vergessen:

die Zeitung oder etwas anderes zum Lesen, kuscheln und knutschen
• eine Prise Zimt, ein wenig Vanille, Ingwer oder Kakao auf dem Tablett (wirkt aphrodisierend)

Apfelküchlein mit Zimt und Zucker

Zutaten für ca. 15 Küchlein
3 Äpfel
1 Zitrone
500 ml Milch
ca. 150 g Mehl
3 Eier
1 Prise Salz
Butter
½ Tl Zimt
2 EL Zucker

Die Äpfel mit einem Apfelstecher vom Kerngehäuse befreien und in knapp 1 cm dicke Scheiben schneiden. Mit dem Saft der Zitrone beträufeln.

Die Milch in ein hohes Rührgefäß geben und mit Eiern und Mehl kräftig verquirlen, eine Prise Salz hinzugeben. Der Teig sollte nicht zu flüssig sein, damit er nachher gut an den Apfelringen haftet. In einer Pfanne die Butter schmelzen. Die Apfelringe in den Teig tauchen und in der Pfanne auf beiden Seiten jeweils 2 Min. goldbraun backen. Die fertigen Apfelküchlein auf zwei Teller verteilen und mit Zimt und Zucker bestreuen.

Zubereitungszeit: 25 Min.
Variante: Arme Ritter in süß eignen sich wunderbar für ein Sonntagspicknick im Bett. Einfach dünne Weißbrotscheiben in den etwas gezuckerten Teig tunken und in Butter goldgelb ausbacken.

French Toast mit Kirschen

Zutaten für 6-8 Stück
4 Brötchen, halbiert, mindestens vom Vortag
oder
6 dicke Scheiben Weißbrot, mindestens vom Vortag
4 Eier
250 ml Milch
80 g Butter
½ Glas Kirschen
3 EL Ahornsirup

Die Milch in eine Schüssel geben, die aufgeschlagenen Eier dazugeben und beides kräftig miteinander verrühren. Die harten Weißbrotscheiben ca. 5 Min. darin einweichen.
In einer Pfanne die Butter schmelzen und die getränkten Weißbrotscheiben nacheinander goldbraun ausbacken.
Die Kirschen in einen kleinen Topf geben und mit 3 EL Ahornsirup ganz heiß werden lassen. Über den French Toast ebenfalls etwas Ahornsirup geben und beides zusammen servieren.
Variante: French Toast gibt es natürlich auch herzhaft. In die Eiermilch frische Kräuter einrühren, salzen und pfeffern. Die Brotscheiben mit einer kräftigen Scheibe Almkäse ausbacken.
Oder 10 Ziegenkäsestücke in rohen Schinken wickeln und zusammen mit dem French Toast ausbacken.

Zubereitungszeit: 25 Min.

Nusshonig

Zutaten für 1 Glas
200 g goldgelber Honig
100 g Nüsse gemischt: Pinienkerne, Walnüsse, Paranüsse, Haselnüsse
1 Vanillestange
Saft einer halben Zitrone

Die Nüsse in ein Weckglas füllen. Die Vanilleschote längs aufschneiden und das Vanillemark herauskratzen, über den Nüssen verteilen. Die aufgeschlitzte Vanillestange ebenfalls in das Glas geben, sie sorgt für ein noch intensiveres Aroma. Den Honig mit dem Zitronensaft vermischen und über die Nüsse geben. Mindestens eine Woche ziehen lassen.

Zubereitungszeit: 10 Min., 1 Woche ziehen

Frisch gepresster Orangen-Mandarinen-Saft

Zutaten für 2 Gläser
2 Orangen
4 Mandarinen

Orangen und Mandarinen halbieren und in der Saftpresse den Saft auspressen. Den fertigen Saft einmal umrühren und auf zwei Gläser verteilen.

Tipp: Frischgepresster Saft lässt sich beliebig kombinieren. Ob Limette, Zitrone, Grapefruit oder Blutorange: gepresst wird, was schmeckt. Mit einem Entsafter können natürlich auch alle weiteren Obst- und Gemüsesorten zu Saft verarbeitet werden.
Unsere Favoriten: Apfel-Karotte-Ingwer und Rote Bete-Pfirsich. Hier sind dem Kombinieren keine Grenzen gesetzt.

Zubereitungszeit: 5 Min.

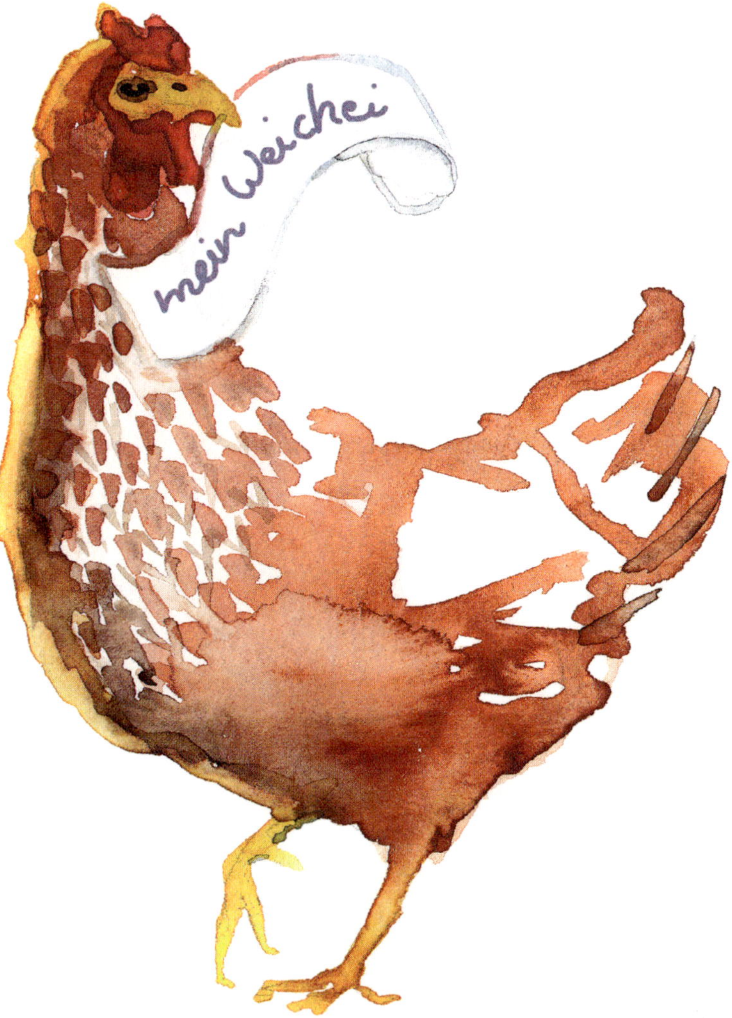

Ei mit Botschaft

Zutaten
Eier
evtl. Essig
Buntstifte

Die Eier an der flachen Seite anpiksen. Wer Probleme mit platzenden Eiern hat, sollte die Eier vorher kurz in Essig baden. Wasser zum Kochen bringen. Herd auf mittlere Hitze stellen und die Eier für 5 Min. gar ziehen lassen. Herausnehmen und abkühlen lassen.
Die Eier mit einem Filzstift mit weicher Spitze bemalen. Ob Huhn, Hund, Katze, Maus oder Liebesbotschaft: es zählt der Gedanke. Ein besonders romantisches Ritual: Den Ehering als Eierbecher für das Ei verwenden.

Zubereitungszeit: 10 Min.

Honigjoghurt mit knusprigem Müsli, Banane und Keks

Zutaten
400 g griechischer Joghurt
10 EL Knuspermüsli
2 Bananen
3 Lieblingskekse oder Schokosplitter
2 EL Honig

Den Joghurt auf zwei schöne Schälchen verteilen und je 1 EL Honig gleichmäßig unterrühren. Jeweils 5 EL Müsli über dem Joghurt verteilen, Bananen in Scheiben schneiden und diese über das Müsli geben. Zum Schluss Lieblingskekse zerbröseln und den Joghurt damit (oder mit Schokosplittern) dekorieren. Wer es süßer mag, kann nochmal 1 EL Honig pro Schale über die Keksbrösel geben.

Zubereitungszeit: 7 Min.

Tramezzini mit Rucola und geräuchertem Schinken

Zutaten für 6 Stück
6 Scheiben Tramezzini Brot (pan carre)
4 Eier
4 EL Mayonnaise
1 EL Senf
5 EL Sauerrahm
2 Bund Rucola
6 Scheiben Räucherschinken
Salz
Pfeffer

Die Eier hart kochen, abschrecken und kalt werden lassen, pellen und in kleine Würfel schneiden. Mayonnaise, Senf und Sauerrahm zu einer geschmeidigen Creme verrühren und die Eierwürfel unterziehen, mit Salz und Pfeffer abschmecken.
3 Tramezzini großzügig mit der Hälfte der Creme bestreichen, den Rucola darüber verteilen und mit je einer Scheibe Räucherschinken abdecken. Die restlichen 3 Tramezzini mit der Eiercreme bestreichen und die anderen Brotscheiben damit zudecken. Nun alle Brote diagonal zum Dreieck durchschneiden.

Zubereitungszeit: 25 Min.

Waffeln mit Schokolade und Granatapfel

Zutaten für ca. 10 Waffeln
Für den Waffelteig:
150 g Butter
75 g Zucker
3 Eier
100 g Haselnüsse, gehackt
200 g Mehl
1 TL Backpulver
200 ml Milch

Für die Schokosoße:
125 g Zartbitter Schokolade
100 ml Schlagsahne

1 Granatapfel
Fett für das Waffeleisen
Puderzucker zum Bestäuben

Die weiche Butter und den Zucker schaumig schlagen. Die Eier dazugeben und alles cremig rühren. Die Nüsse mit einem Wiegemesser sehr klein hacken und anschließend mit Mehl und Backpulver vermischen. Im Wechsel mit der Milch zum Teig dazugeben und alles miteinander verrühren.
Die Schokolade in kleine Stücke brechen und in einem Wasserbad zusammen mit der Schlagsahne erwärmen, bis die Schokolade flüssig ist. Schokosahne zu einer cremigen Sauce rühren. Den Granatapfel horizontal halbieren und die Kerne auslösen.
Aus dem zubereiteten Teig nacheinander 6 Waffeln backen. Die Waffeln auf zwei Teller verteilen, mit Puderzucker kräftig bestäuben, in einer S-Form die Schokosauce darüber laufen lassen und mit den Granatapfelkernen garnieren.

Zubereitungszeit: 35 Min.

◆ Tipp: Granatapfelkerne lassen sich ganz leicht aus der Frucht lösen, wenn man mit einem Hammer oder schweren Löffel oben auf die Schale klopft. Die Kerne fallen dann einfach in die Hand.

Rezeptregister

Hier finden Sie alle Rezepte sortiert nach Picknickthemen sowie nach einzelnen Rubriken wie Fleisch, Fisch, Snacks, Vegetarisch, Suppen und Eintöpfe, Dips und Aufstriche, Salate, Kuchen, Desserts und Drinks

PICKNICKTHEMEN

Geburtstagspicknick

Picknick in großer Runde

Kinderpicknick

Picknick für Verliebte

Sportlerpicknick

RUBRIKEN

ALLE PICKNICK-REZEPTE VON A-Z

22 x Gute Laune für vor, während und nach dem Picknick:

1. Tiere in den Wolken suchen 2. Äpfel vom Baum mopsen 3. ein Schneckenrennen veranstalten 4. ein vierblättriges Kleeblatt suchen 5. sich in einem Spinnennetz verfangen 6. Regenwürmer husten hören 7. Papierschiffchen im Bach schwimmen lassen 8. sich einen Ahorn-Propeller auf die Nase kleben und über die Wiese fliegen 9. Kastanien sammeln 10. Purzelbäume schlagen 11. ein Edelweiß finden 12. Einen frischen Maiskolben essen 13. auf einen Baum klettern 14. ein Herz in einen Baum ritzen 15. einen Grashalm kauen 16. Marienkäferpunkte zählen 17. Düfte raten 18. Einen Schmetterling fangen 19. sich im Maisfeld verstecken 20. Eeeeechoooooo 21. Füße im Kuhfladen wärmen 22. einen Heuschober auskundschaften.